コグニティブ競争戦略

経営者の認識と業界内部の構造変化のメカニズム

MANAGEMENT COGNITION AND A MECHANISM OF STRUCTURAL CHANGE IN THE INDUSTRY

宮元万菜美 [著] MANAMI MIYAMOTO

COGNITIVE STRATEGY

千倉書房

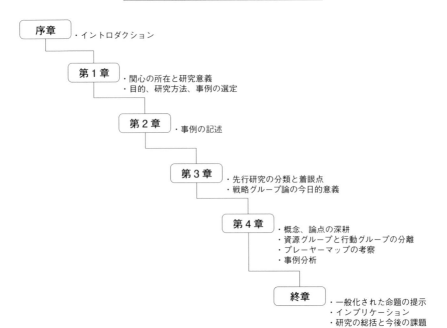

まえがき

　インターネットは奇跡を起こす。

　いま本書の執筆に携わる私は研究者としての私である。国際的な経営学会AOM（Academy of Management）の年次大会に、初めてやってきたことへの興奮で目覚めた、アメリカはアナハイムの早朝。それが本書の書き始めとなったことに、少なからぬ感慨を覚えながら十数年前を思い出している。そこには破竹の勢いで伸びて行くインターネットビジネスの最前線で、市場競争に明け暮れていた実務家の自分がいる。

　社会人として生意気盛りの年頃に、破竹の勢いで拡大していく市場の波頭で立ち働くことは随分と気分を高揚させたものである。何しろ、黙って上役の言うとおりにやっていればよいのだという生ぬるい頽廃もなければ、人の思考を停止させるような無意味な慣習も前例もない。自分たちの一挙手一投足が新しい業界を形作り、大きくし、ライバルとの競争を制するという思いが実務家を駆り立てる。ぼんやりして判断を誤り、遅れをとるようなことがあれば、たちまちライバルに頭から喰われてしまうような気がする。インターネットの世界は、どこまでものびて行く未知の生き物のようだ。ぞくぞくするほど生々しいICT（Information and Communication Technology：情報通信技術）の世界でより強く輝こうとすることは、人の感覚を鋭敏にする。

　どんな法則がこの未曾有の世界を強く支配しているのか。何に従えば間違いないのか。そんなことは誰も教えてくれないし、本にはありきたりのことしか書いていない。それならば無手勝流と言われようが、自分で思うさまに自分たちの居場所を創っていくしかないと思っていた。ただ、そんな競争の真っただ中にいるときには、自分たちがやっていることがやがて業界にどんな影響をおよぼし、何を招来するのか、そしてそれがどれほど学問的な興味を引くことなのかなどということには、全く思いをいたすことがなかった。

i

やむことのない市場競争の中で、手を繰り出し続けることに必死だったからだ。

　そんなある時、職場の戦友が言った。

「こんど早稲田にIT戦略専門の研究室ができるらしい。行ってみる気はないか」と。

　後から聞けば、本人は軽い気持ちで言っただけだったらしい。しかし、言われた方は真に受けてこう思った。

「そうだ、日本で商用のインターネットが始まってもう何年にもなる。この間、業界人たちはいかに戦略的であったのかなかったのか。われわれが考え、してきたことはどのように説明できるのか、客観的に振り返ってみる時期が来ているのではないか。」次の瞬間には無我夢中で走り出している自分がいた。思いもよらず始まった遅咲きの学生生活。いくつもの試練をインターネットに助けられた。紙と電話しかない時代なら、決して乗り越えられなかっただろう。その間にも世の中では、さまざまなできごとが休むことなく起こり続けていた。

　インターネットの登場は、人々の生活を大きく変えたと誰もが言う。そして図らずも一人の実務家の人生にも遅まきながらも研究者の道を拓き、彼我に見える景色を変えていった。人生に計画性のないイージーなヤツだと人言わば言え。あの日あの時の一瞬の判断と一歩がなかりせば、アメリカの今朝の朝日が目に映ることは決してなかった。そして拙著が今ここで、こうして読者諸氏の目に触れることも。本書は学術書の体を取ってはいるが、一般読者の方々にも、未曽有とも第二の産業革命とも言われる時代を顧みる小さなきっかけとなれば幸いと思う。

　つくづくと思う。人が何かを認識すること、そしてそれを突き動かす思いと行動は未来を創る。そしてインターネットは、それを能く使う者に素晴らしき奇跡を起こす。

目　次

まえがき ——————————————————————————— i

序章 ｜ イントロダクション ——————————————— 1

1 ｜ 予定調和的な経営戦略では生き残れない社会 ——————— 1

2 ｜ なぜ経営者のコグニションと業界内のグループに
　　着目するのか ———————————————————— 3

3 ｜ 本書の構成 ————————————————————— 7

第1章 ｜ 経営者のコグニションとグループ認識への関心
　　　　　　———————————————————————— 11

1 ｜ コグニティブな戦略グループ論の研究フレームワーク —— 11
　　1-1.　研究の主旨 ——————————————————— 11
　　1-2.　研究の背景 ——————————————————— 16
　　1-3.　研究の目的 ——————————————————— 19
　　1-4.　研究の方法と解題のステップ ——————————— 21

2 ｜ 激変する競争環境と競争戦略：研究対象としてのISP業界
　　　———————————————————————————— 24

iii

	2-1. 事例の選定	24
	2-2. インタビューおよび記述の概要	26

第2章 経営者の認識と事業行動の記述：国内の コンシューマー向けISP事業の顧客獲得競争

31

1 ISP ビジネスの創成と一般的な分類 ———— 31

1-1.「キャリア系」ISP ———— 33
1-2.「メーカー系」ISP ———— 36
1-3.「独立系」ISP ———— 40

2 定額制ダイヤルアクセス時代の競争 ———— 43

2-1. 価格競争の過熱 ———— 43
2-2. ブロードバンド時代の幕開け ———— 45

3 ADSL によるブロードバンド競争 ———— 46

3-1. ソフトバンクの ADSL 参入 ———— 47
3-2. 価格競争の進行と収益構造の変化 ———— 47
3-3. 電話会社と IP 電話セット ———— 51

4 資本政策およびグループ会社との関係 ———— 53

4-1. So-net、@nifty、BIGLOBE ———— 53
4-2. ソフトバンクと ODN ———— 57
4-3. キャリア系の OCN と DION ———— 59

5 光アクセスによる競争時代 ———— 62

5-1. ADSL から光接続への移行期 ———— 62
5-2. with フレッツの登場と仲間性の認識 ———— 63
5-3. 光フレッツの値上げ ———— 68

| 6 | 業界の地殻変動は続く | 70 |
| 7 | プレーヤー同士の相互認識 | 73 |

第3章 戦略グループ理論の足跡 —— 79

1 戦略グループ論の今日的意義の検討 —— 79

1-1. 戦略グループ論の視野 —— 79
1-2. 戦略グループ論の黎明 —— 82
1-3. 伝統的な戦略グループ論の論点 —— 84
1-4. 日本の戦略グループ研究 —— 88
1-5. 残課題と発展に向けての着眼 —— 89

2 戦略グループ論の先行研究 —— 94

2-1. 先行研究のバリエーション —— 94
2-2. 客観主義型の戦略グループ論 —— 95
2-3. 主観主義型の戦略グループ論 —— 98
2-4. 客観型と主観型の対比 —— 99
2-5. 静的な戦略グループ論 —— 102
2-6. 戦略グループ論の動学化 —— 105
2-7. 3軸分類の意義 —— 110

第4章 戦略グループ理論の発展 —— 115

1 コグニティブな戦略グループ論を深める論点 —— 115

1-1. 概念の深掘り —— 115
1-2. コグニティブな戦略グループ論が準拠する理論 —— 116
1-3. コグニティブな戦略グループをめぐる論点 —— 122

	1-4. 資源グループと行動グループの違い ———————— 127
	1-5. 他社戦略の参照行動の構造化 ———————————— 132

2 | プレーヤーマップ ———————————————————— 136

2-1. 経営者のグルーピング認識の確認 ———————————— 136

2-2. 気になる相手と業界の競争構造の認識 ——————————— 140

2-3. プレーヤーマップの特徴と戦略グループ ————————— 142

3 | 他社戦略の参照行動と戦略グループ ———————————— 146

3-1. 事例に観察される事実 ————————————————— 146

3-2. 戦略グループの存在 —————————————————— 149

3-3. 「with フレッツ」を通じた行動グループ ————————— 152

3-4. 参照行動の分析 ———————————————————— 153

3-5. 戦略グループの形成と参照行動 ————————————— 162

3-6. 行動の資源化と戦略グループの変化のプロセス —————— 166

終章 | コグニティブ戦略グループ論の総括と展望 —— 171

1 | 一般化された命題の提示 ——————————————————— 171

2 | 本研究の理論的貢献 ————————————————————— 175

3 | 実務的なインプリケーション —————————————————— 176

4 | 研究の総括と今後の課題 ———————————————————— 179

あ と が き ———————————————————————————— 185

参 考 文 献 ———————————————————————————— 189

主 要 索 引 ———————————————————————————— 199

【付表 1】 インタビュー質問票 ———————————————— 203

【付表 2】 インタビューリスト ———————————————— 204

序章

イントロダクション

1 予定調和的な経営戦略では生き残れない社会

　いささか唐突な書き出しではあるが、ここ10年ほどの間にわが国では、大学や大学院で経営学を学び直す社会人が増えた。しかもそれは必ずしも学界への転身を強い動機としたものではなく、ビジネスに資する知見を身につけたいという動機であることが少なくない。社会人を対象としたマネジメントセミナーや企業内研修も盛んに行われている。理由はいくつかあると思うが、1つにはそれだけ現実の経営が難しくなったからではないだろうか。

　事前の計画さえよければ結果はついてくるという、予定調和的なマネジメントでは対処できない課題の百出に加え、企業を取り巻く環境や競争条件の変化の早さには目をむくばかりである。どんなに安定していると思われる企業でも、思わぬところから現れたプレーヤーに、あっという間にビジネスゲームのルールを変えられてしまうことがある。そう思えば、誰もがぼんやりと日々のルーチンに胡坐をかいているわけにはいかない世の中である。イノベーション論の大家C.クリステンセン(C. Christensen)は、破壊的なイノベーションの速度は技術進歩の早さに依存すると言っているが[1]、ICTが各界で起こる変化の速度を早めることに一役も二役も買っていることは言をまたない。この変化の早い時代、確実な成功方程式を一体誰が教えてくれるというのだろう。

経営を預かる人、ステップアップを狙う若手、あるいは起業し、ゲームチェンジャーになろうと考える野心家たちは、より所となる「理論」を求めて書籍を手に取り、あるいは学びの門をたたく。誰にも先が読み切れない状況の中で知的好奇心を奮い起こし、経営戦略を見つめ直す時が来ていると考えることに不思議さはない。しかし経営学の理論は「絶対にそうなる」という因果関係を必ずしも保証しない。それゆえに時として、まじめな人ほどジレンマを感じることがあるようだ。理論を駆使してどんなに緻密な計画を立てても、前提条件や状況が意図せず変わってしまうようなことがあれば、期待した結果を出したり課題をうまく解決したりすることができなくなると思うからだ。だからといって、計画には織り込まれない異質なるものを完全に排除してから実行にかかるのは難しい。難しいどころかそんなことをやろうとすれば、競争社会では後手に回るリスクをたちまち背負い込むことになる。最善の努力をするとしても、神ならぬ身の人間は限られた状況の中で物ごとを認識し、意思決定し、行動するしかない。計画の立案者がコントロールできない攪乱要因は、避けがたく発生するものである。

　また、このようなこともある。全く同じことを同じ条件で何度も再現させることがほとんどできない人間社会において、「例外なく適用可能な成功方程式などというものはない」と言われると、過剰にがっかりする人が一定程度の割合で存在する（もしそんな方程式があれば、皆がその方程式で同じことをするのだから意味がないはずなのだが…）。その一方で、「私は他の人とは異なる。人とは異なる完全な独自経営を行っている」、「わが社はよそとは事情が全く違うのだ」と話す経営者や企業の話が、本人たちがそう思わないだけで、案外他と似たり寄ったりのそれほど特別なことではないような場合もある。

　わが師、根来龍之教授が著書の中で、「理論は現実の経営にとって、常にどこかが過大でありどこかが過小である」(2)と書いている。「普遍（一般）」の対義語が「特殊（個別）」だとすれば、おそらく実務家が、これが現実だと思っている目の前の世界は、両者の間のどこかに位置している。仮にそれを、実務現実感とでも呼んでおこう。自社にとって、どこかが過大であり過小である経営理論のどこを取り入れ、どこを切り捨て、何を付け加えて現実の経営に生かすかは経営者次第である。教科書を山ほど読んで物知りになったとこ

ろで、いい経営者にはなれない。

　経営学が対象とする世の中は、見えないものの手による動植物園のようだと思うことがある。一言でいえば、「どういうことになっているのか法則性があるような気もするが、それが何なんだか複雑でわかりにくい」ということだ。世界にはいろいろな種類の生き物がいるが、ある種の中でそれぞれの個体はそれほど画一的でもないし、それほど大きく異なってもいない。そうかと思えば一見これは関連性がなさそうではないかと思うものが人為的な分類では同じ科目に分類されていたり、近づけないほうがいいのではないかと思えるようなもの同士が、なぜか同じ生態系の中で調和しながら共生していたりすることもある。それと同様に、経営にも誰にとっても同じように都合よく、わかりやすい便法などないのだとすれば、経営者はよほど頭の中がしっかりしていなくてはならない。物ごとがそれほど事前の想定通りには運ばず、予測がしがたいことが次々に起こる時代に、人のコグニション（認識）や頭の整理のしかた、コグニティブ（認知論的）なものの見かたなどに関心が集まるのは、ごく自然な成り行きではないだろうか。

2 | なぜ経営者のコグニションと
業界内のグループに着目するのか

　本書では、「コグニション」、「コグニティブ」という言葉が多く出てくる。本書の研究の最も中心的な概念であるこの言葉は、日本語では、「認識」、「認知論的な」などと訳される。本書がなぜ経営者のコグニションに着目するかについて、いくつかの思索的背景を示しておきたい。

　経営戦略をめぐる理論の揺るぎなさはどこにあるのか。さまざまに異なる戦略概念が百花繚乱の状態になっていることを、H. ミンツバーグら（H. Mintzberg et al., 1998）が『戦略サファリ』と表現した。言いえて妙である。一口に戦略論と言うが、理論によって立脚点が異なり、立脚点が異なると物ごとの説明のしかたが異なることがある。何をよすがに経営理論を構築すべきか、頭の中の間を行き来する捉えどころのない感覚に杭を打ち込むには、生身の経営者に注目することだと考えた。研究をするなら現場で人々が考え

序章　イントロダクション　｜　3

ることを知れ、これは非常に原始的な着想であり初動の動機である。そう考えて改めて見回すと、伝統的な戦略論は個々の経営者のコグニションが経営行動にどのように影響するのか、業界や競争の構図が変わっていくことにどうつながるのかをあまり論じていないように思われる。多くの経営学者はおそらく暗黙のうちに、経営者の個性は戦略理論の構造には直接影響しないという立場を取っているのだろう。そのために、ある事象の中で当事者のコグニションがどうなっているのかを考える意識が希薄化し、結果として理論がそこに踏み込んでいくことが少なくなるのだろう。だがそのことが、外部条件が一緒なら経営は誰がやっても同じことだという話に微妙にすり替わっていこうとするとき、本当にそうかという疑問と、学問的な深みに対する不足感がわいてくることを押しとどめるのは感覚として難しい。

　その一方で経営戦略研究には、目立って特異な事例を取り扱うケース・スタディも存在する。そこには個性的な経営者が登場し、定石とは異なる方法でブレークスルーを創り出していく様子がよく描かれる。そのようなケース・スタディでは、ある状況である経営者が、何をどのように判断し行動したかに焦点があたり、経営者の考えやふるまいが経営に影響を及ぼすさまが生き生きと描き出される。しかし、それがもし「それは、たまたまその時に優れた経営者がいて、優れた経営判断をしたからだ」、「優れた経営成果は、優れた人の能力に依存するのだ」という、ある種の偉人論に帰結してしまえば、そのとたんにケースから発せられる示唆やメッセージは、聞く人にとって遠い人ごとのようになってしまう。

　人のふるまいの扱いをめぐって理論が極端に陥ると、その理論は世の人々からは、「浮世離れしている」、「使えない」とのそしりを受けることになる。経営学は人の世の営みを対象とする学問である。それならば、経営に関わる普通の人々の腹に落ち、普通の経営者の日常に役立てられるような戦略論でありたい。そう思えば研究者が人のコグニションを過剰に無視したり、逆に依存しすぎたりすることなく理論探索を続けていくことには、一定の意義があるのではないか。また、次のようなこともある。

　代表的な経営戦略論には「ある企業の競争優位性の源泉は、その企業が保有する経営資源にある」という資源ベース戦略論と、「ある企業が競争優位

性を発揮するには、自社を業界のどこに位置づけるかが重要である」という
ポジショニング戦略論の二系統があることを、すでに多くの読者が了知して
いることと思う。この二つの理論は必ずしも対立的関係ではなく、車の両輪
のように相互補完的であることがようやく理解されるようになってきた。し
かし、似たような資源を持っている企業は同じような戦略行動しかとらない
（とれない）のか、あるいは異なる資源を有する企業が業界の中で似たよう
なポジションを争う現実についての理論的説明はといった、素朴とも思われ
るテーマに答えることはそれほど簡単な話ではなくなってきている。ICT
時代と呼ばれ、インターネットを介して物ごとが複合連鎖的につながりあう
現代は、M. ポーターら（Porter and Heppelmann, 2015：ポーター、ヘプルマン、
2015）が言うように業界と呼ばれるものの境界が拡大し、境目がわかりにく
くなる。ある現象を分析しようとするとき、権威によって人為的に線引きさ
れたデジュアリースタンダード的な分類や境界[3]は、動きが早い現実社会を
生々しく描き出す写し鏡としての存在感が希薄にならざるを得ない。

　世の中にあって自社は何を提供するかという問いは、あらかじめ設定され
た枠組みに従う環境決定論的な問題でもなく、現在の保有資源に依存し続け
て安住できるほど単純な話でもない。自社のビジネスをどう位置づけ、誰と
の相互関係を維持しながら経営を進めていくかは、主観的な判断に依存する
部分が少なくない。こういった話題に向き合う必要性を強力に要請し後押し
するのは、現に「変化が早い環境において、異なる資源を有する企業同士が
競争する状況が存在すること」や、「ある業界の内側で、競争に資する経営
資源の種類や分布が大きく異なる状況が存在する」という事実である。ただ
し変化しやすい環境を、ある一時点のスナップショットで論じることには無
理がある。「その時は確かにそうだったかもしれないが、今はそうではない」
という反論に耐え得る議論をするには、変化そのものを時間の推移とともに
論じる必要がある。

　ところで人間の認知能力や情報を獲得し処理する能力には限界があり、人
は完全な情報を得て取り得るすべての選択肢を事前に知ることはできないと
いうのは、すでに自明のことである。人は限られた条件の中で意思決定をせ
ざるを得ないのだ。このいわゆる「限定合理性」と呼ばれるディシプリンは、

H. サイモン（H. Simon）によって 1947 年に提唱された、社会科学における最も基礎的なディシプリンの 1 つである（Simon, 1947）。

もし人間に認知限界がなく持てる資源が無尽蔵であれば、人は常に合理的な意思決定と意思の実行が可能である。そのような全知全能の世界では、そもそも資源をどう分配するかという議論も、戦略行動の計画も役割を分担する組織などというものも不要だろう。だが現実には経営者はその認知限界のせいで、一般的に業界と呼ばれているものについてさえ、隅々まで個別完全に理解することはできない。業界の中にプレーヤーが多数存在していればなおさらである。人は自然と物ごとをある基準を用いて色分けしながら理解するようになるのである。

たとえば業界内のプレーヤーについて、「大手と中小」、「外資系企業と日系企業」、「自社と似ているプレーヤーと似ていないプレーヤー」、「自社と近いやり方をする相手とそうでない相手」など、企業を何かの基準で識別しグルーピングした表現を聞くことがある。グルーピングには分類の線引きをした人が何の違いを気にし、重要と考えているのかがよく表れる。競争や戦略に関わる経営者のコグニションに注目するときには、彼らが業界をどのような基準を用い、プレーヤーをどのようにグルーピングしているかを見ることが必要である。

競争戦略論には、業界の内部をグループ分けする「戦略グループ」という概念がある。1970 年代に登場したこの概念は大まかにいえば、ある業界内のプレーヤーを、戦略の違いによってグルーピングするという考え方である。詳しくは後述するが、戦略グループ論にはいくつかの異なる流儀がある。経営者の主観に着目するコグニティブな戦略グループ研究は、その中の 1 つである。これと近接したところには、競争の当事者が誰を競合グループと認識するかについての識別研究がある。たとえば Clark & Montgomery（1999）は、経営者が競合であるかないかを相手のどういう特徴（規模、製品、業績など）によって特定するか、業界の中の何社程度を競合だと思うか（それほど多くはない）という研究結果を残している。この研究では、相手が自社にとってどのようなコンペティターなのかという位置づけのしかたや、認識の類型化にまでは考察がおよんでいないが、経営者は競合するライバルを個別に観察

する以外に、企業をある共通性に着目したかたまりで観察し、認識している
ことが示されている。

　戦略グループ概念を用いる際に注意すべきなのは、誰が何の目的でその業
界を分類するのかということと、そのグルーピングにはどのような意味があ
るのか、を明確にしておくことである。たとえば研究者が、起こった現象に
ついて外部的な見地から説明を加えたいために業界内部を便宜的にグルーピ
ングして見せているだけなのか、現実の現象の中で創発的に生まれてくる実
在的なグルーピングなのかは、意味的には大きな違いがある。戦略グループ
は戦略の違いで企業をグルーピングしたものだと一口にいうが、実際の識別
が何に立脚したものであるかは、学問的には慎重であるべきである。このこ
とは本書の中で順を追って明らかにしていくが、ある業界の競争構造の変化
のメカニズムを「経営者のコグニション」と、「戦略グループ」という概念
を用いて紐解いていくことが本書のねらいとして目指すところである。

3 ｜ 本書の構成

　本書はある業界における競争の記述、およびインタビュー調査の質的分析
によるケース・スタディという構成で研究を行う。以下は本書のおおまかな
流れである。

　はじめに第 1 章の中で研究の背景や着眼、問題意識などに触れ、解題のス
テップとケース・スタディに用いる事例の選定を行う。一般的な学術書では、
これに続けて先行研究のレビューを行うことが通例ではあるが、一般読者に
とっての読みやすさや分析の対象となる業界について、読者との間でなるべ
く早い段階で理解の土台を作っておきたいという理由から、第 2 章では、先
に国内のコンシューマー向けインターネットサービスプロバイダー（ISP）
業界の、創成期から 2011 年ぐらいまでの顧客獲得競争の軌跡を、経営者イ
ンタビューの内容を中心に記述する。インタビューは国内大手 ISP の役員
または、経営意思決定に直接関与できる立場にあった人への対面による聞き
取り調査である。経営者の意識の内側には、業界内の企業についてグループ
認識があることを確認しつつ、理論編である第 3 章および第 4 章に臨む。

序章　イントロダクション　｜　7

第3章では、先行研究および主要な構成概念についてレビューを行う。戦略グループ論をめぐる論点の整理や今日的意義の確認を通じて、これまでに十分な研究が進んでいるとは言いにくい、主観主義的でグループの変化を論じる動的なタイプの戦略グループ論への理解を深めていく。レビューでは経営者のコグニションや共同主観性、および他社戦略の参照行動に関する概念設定を行うほか、現在の戦略グループ論には視座やグループ識別の基準となる資源や行動の捉え方に混乱があることに触れる。

　第4章では、ある業界には競争当事者を代表する経営者の主観的なグルーピング（コグニティブな戦略グループ）が存在すること、その主観的なグルーピングが経時的に変化すること、変化の前段には経営者の他社戦略の参照行動にも変化があることを、先に取り上げた事例の分析によって確認する。コグニティブな戦略グループの存在と継時的変化は、インタビューおよび各社のプレスリリースや記事等の公開資料に基づく記述と、グラウンデッド・セオリー・アプローチによるインタビューデータの質的分析によって確認される。グラウンデッド・セオリー・アプローチとは、インタビューや参与観察などにより得られた事象を、ある体系的概念によってデータ化し理論化する質的研究方法の1つである。

　以上の手続きを踏みながら、コグニティブな戦略グループが他社戦略の参照を通じて変化し、新たな戦略グループが生成されていく過程をモデル化し、一般化された命題の形で提示する。

　本書では、想定読者を以下のように設定している。

①　競争環境の変化が早い業界で、異なるバックグラウンドを有する企業がひしめき合って競争している業界の経営者および戦略立案担当者

②　主観主義的戦略グループ論を主な学究対象としている研究者

③　ポジショニング戦略論および資源ベース戦略論を視野に入れ、発展的な経営戦略論を学ぼうとしている大学生および大学院生

　本書では国内のコンシューマー向けインターネット接続ビジネス、いわゆるISP業界の創成期から約20年間の市場競争の推移を題材に、経営者のコグニションと戦略との相互関係や、競争の構図の変化について戦略グループ論をベースに考察をしている。もし、当業界の創成期から2010年代初めご

ろまでの約20年間の競争の歴史や、ISP経営者の肉声に興味を持つ方であれば、第2章および第4章の第2節、第3節あたりを中心に読むということでもいいのかもしれない。

　現在の社会科学の方法では、人の頭や心の中で完全に明らかにすることはほぼ不可能である。また、当事者の解釈をさらに研究者が解釈するという二重構造が常に存在する。本書はできるだけ一般読者にも理解しやすいような構成に努め、実在論、現象学、構造主義などの原論には深入りしないが、部分的には哲学的な難解さがあることは否めない。そのような意味では、手っ取り早くわかりやすい経営ハウツーを求める読者には、本書は向かないのかもしれない。

（注）
（1）『DIAMONDハーバード・ビジネス・レビュー』2016年9月号、p.38。
（2）根来龍之（2015）『ビジネス思考実験：「何が起きるか？」を見通すための経営学100
　　　命題』日経BP社。
（3）たとえば歴年で統計調査の結果を表示するために定められた、日本標準産業分類の
　　　ようなものを指す。

第 **1** 章

経営者のコグニションと　グループ認識への関心

1 ｜ コグニティブな戦略グループ論の　研究フレームワーク

1-1.　研究の主旨

　本研究は競争環境が変化している業界で、競争優位性を作り出すために各企業が着目する資源が企業によって大きく異なるときの、主観的な業界のグルーピングである「コグニティブ[1]な戦略グループ」の相互作用と変化を、資源と戦略的な競争行動の観点から論じる。コグニティブな戦略グループ論とは、当事者の主観的な認識を考察の対象に含めるタイプの戦略グループ論のことである。

　本研究ではある業界で、共通的な資源に基づく主観的（コグニティブ）なグルーピングと、行動の共通性に基づくコグニティブなグルーピングとが、半独立的な関係性を持ちつつ経時的に変化することを、「資源と行動の相互作用による戦略グループの変化」と呼ぶ。本書の研究ではコグニティブな戦略グループの存在には一定の根拠があることを示しつつ、資源と行動の相互作用によりコグニティブな戦略グループが変化していくメカニズムに関して、1つのモデルを示す。

　本研究の理論的位置づけは、戦略グループ論に関する資源ベースの主観的

実在論であり、戦略グループの変化をケース・スタディによって論じる「動的・記述型」の研究である。本研究では、コグニティブな戦略グループが経時的に変化するプロセスに焦点を当てる。具体的には、資源ベースの戦略グループ（資源グループ）から、他社戦略の参照を通じて資源をまたがる行動ベースの戦略グループ（行動グループ）が生み出され、新たな資源ベースの戦略グループが業界内で共同主観化されていく過程に着目する。ある業界で変化のプロセスが駆動し、グループ性を持つ競争的な行動がアドホックなアクションではなく、繰り返し性や持続性を持つことで競争優位性につながる能力や特徴的な資源となり蓄積されていくことを、本研究は「行動が資源化する（行動の資源化）」という概念で捉える。

　資源ベース戦略論の観点からは、本研究は競争的資源の獲得にかかる動学化研究と位置づけられる。すなわち、ある業界に保有資源の相対的な競争力が異なるグループが複数存在し、環境の変化によって資源の競争力が変化していくときに、あるグループが新たな競争資源を集団的に獲得していくプロセスを見ることができる。なお本研究における保有資源の違いとは、競争の当事者である経営者が、競争に有効であると考える資源の違いを指している。

　これまでのほとんどの戦略グループ研究は、戦略の概念を単一事業のスコープで扱っている。本研究でもこの姿勢は踏襲され、戦略とは単一の事業について実務者が実際に実行することが前提となる、具体的なレベルのものを指している。論じる対象は個別の事業単位であり、複数の異なる事業を並行させるような多角化事業は対象としない。また、本稿における「行動」とは「組織としての意思決定に基づく現実への介入」を意味する。

　戦略論には業界内で展開される競争を、さまざまな軸で分類するフレームワークがあるが、中でも戦略グループとは、業界内のプレーヤーを戦略の類似性によってグルーピングすることを一般に意味する。戦略グループの概念は、1972 年に M. Hunt が 1960 年代の米国の大手家電製品業界のパフォーマンスに関する論文で導入した概念で（Hunt, 1972）、「各戦略次元上で同じか、あるいは類似の戦略をとっている企業グループのこと（Porter, 1980, 邦訳 p.183）」という定義や、「それぞれのグループの企業間で、ある戦略的に重要な違いを作るもの」[2]（Reger and Huff, 1993）という定義が知られている。

伝統的な戦略グループ概念は業界参入を論じる際に用いられることが多い
が、企業が持続的に健全に運営されていくためには、どのような経営資源を
保有する企業がどこに参入するかだけではなく、参入後も競争環境をよく認
識し、それを具体的な戦略行動に結び付けていくことが重要である。ただし
環境の変化が早いと、競争優位に資する要因が何であるかも変化しやすい。
このとき、ある一時点の業界構造を捉えようとするタイプの戦略論では、環
境変化に適応しながら生き残っていく企業の営みを論じることができない。
移動障壁をグループの境界とし、安定的な業界における静的なフレームワー
クであると捉えられがちな戦略グループ論も、競争環境の変化という今日的
な課題に対応する理論として補強や発展が必要である。その一方で、競争環
境をよく理解するという意味では、競争の当事者は他社の戦略行動を常に観
察し、自社の行動と引き比べるということをする。職業的責任感ということ
はもちろんあるだろうし、「近所のことはいつも気になる」という、社会に
生きる人間としての性質がそうさせる面もあるだろう。この「他社戦略の参
照行動」を通じて得られた経営者の認識が自社の意思決定や競争行動に影響
を与え、結果的に業界の競争の構図も塗り替えていくという変化のメカニズ
ムが、本書の「コグニティブな戦略グループと戦略的行動の相互作用」とい
う基本的な想定となっている。

　資源はある経営行動を可能にしたり、時に制約したりする。しかし、経営
者が選択肢の中でどのような行動を取るかの決定は、経営者の主体性に依存
し、現在保有している資源だけで企業の行動を完全に説明することはできな
い。企業の行動は、完全には資源に還元できないのである。本研究が経営者
のコグニションや、資源と行動の間にある相互関係に着目する理由はここに
ある。

　本研究ではコグニティブな戦略グループを、「競争の当事者が、ある共通
性に着目して業界内部をグループ分けしたもの」と捉え、「競争上の主要な
意思決定や行動に違いをもたらす、資源や行動などの共通性に着目した、経
営者の主観に存在するグルーピング」と定義する。本研究はこの定義に立脚
することにより、戦略グループ論を参入後の競争戦略にも適用できる理論と
して磨きをかけようとしている。

第1章　経営者のコグニションとグループ認識への関心　│　13

戦略グループ論には視座に関して１つの分岐点がある。それは、競争に従事する経営者の主観を分析の対象として取り扱うか否かである。本研究がベース理論とするコグニティブな戦略グループ論は、M. ポーター（M. Porter）等の経営者の認識を考察対象としない研究とは視座が異なるタイプの研究である。コグニティブな戦略グループ論は、戦略グループは経営者の主観に基づき存在するという視座を有し、産業組織論を直接の起源とする客観主義的な戦略グループ論よりも少し遅れて登場してきた。

　競争環境の分析者は、時として当事者である経営者だということにもかかわらず、ある種の戦略グループ研究が経営者の主観問題を全く取り扱わず、グループを経営者の意識とは無関係に設定していることへの違和感が、本研究をコグニティブな戦略グループ論に向かわせるモチベーションの１つとなっている。競争行動に関わる意思決定が、経営者の認識に従って行われるのだとすれば、そして、その認識の一部は他社の戦略行動の観察を通じて形成されるのだとすれば、業界内の構造を示す戦略グループの「実在性」と経営者の認識は、どのように関わりあうのだろうか。戦略策定や戦略的行動との関係を論じるのに、この議論を避けて通ることはできない。本研究におけるリサーチクエスチョンは、経営者の認識の中にあると言われているコグニティブな戦略グループは、どのような形で存在し、資源の共通性に着目されたグルーピングは、競争環境の変化の中で競争的な行動を通じてどのようなプロセスで変化するのかということである。コグニティブな戦略グループの存在およびグループ変化の例証は、経営者インタビューに基づくケース・スタディによって行い、結論として一般化された命題を提示する。

　戦略グループ概念によって、企業の戦略行動が理論的に説明されることが期待されるにもかかわらず、実際にはどの研究にも検討不十分な部分があると思われる。また戦略グループは研究者による、分類のための便宜的なツールに過ぎないのではないか（Barney, 2002 他）という批判を受ける状態も続いている。戦略グループには、それが本当に存在するのかどうかという実在論の外側に、２つの大きな混乱があり、これが戦略グループ論を説明する物ごとや議論を、わかりにくくしているのではないかと考えられる。１つは、前述の経営者の認識を考察の対象にするか否かという視座の問題、もう１つ

は、保有資源と競争行動の関係性および競争の成果（パフォーマンス）など
をめぐる説明対象の混乱である。

　これについて本研究は、先行研究レビューや事例分析を通じて混乱する戦
略グループ論に関して1つの道筋を示す。具体的には経営者の心中に、競争
に役立つと想定する資源を分類の基準にしたグルーピング（資源グループ）
がある時、参照行動はグループにより異なること、そして「資源の共通性に
着目したコグニティブな戦略グループ」（資源グループ）と、「行動の共通性
に着目したコグニティブな戦略グループ」（行動グループ）が、相互に影響し
合いながら変化することである。ここでのキー概念は「経営者による他社戦
略の参照行動」である。

　本研究では、戦略グループ論をめぐる視座の混乱について、これまでの戦
略グループ研究を、研究の型によって整理する。これを通して本研究は、コ
グニティブな戦略グループの変化を論じる記述型研究は手薄であり、これを
補強していくことが理論の発展に有効であるという理解に立ち、自らを「主
観主義的・動的・記述型」の戦略グループ論と位置づける。

　事例からは、ある企業のコグニティブな戦略グループが、他社の戦略参照
行動を通じて経時的に変化し、やがて新たな戦略グループが生成されること
が読み取れる。本研究で提案する、参照行動を通じたコグニティブな資源と
競争行動に関する戦略グループについての一般化された命題は、以下の5つ
である。

■コグニティブな戦略グループの存在に関する命題
　命題1（コグニティブな資源グループ）：経営者の心中には、資源の共通性
で競合を識別したグルーピング、すなわちコグニティブな資源グループが存
在する。
■コグニティブな戦略グループと参照行動に関する命題
　命題2（コグニティブな資源グループの参照行動）：グループ間の保有資源が
大きく異なるとき、各グループへの戦略参照は互いに不均等に行われ、コグ
ニティブな資源グループは、他社戦略の参照行動の違いに影響する。
　命題3（参照点としての戦略グループ）：経営者は、参照行動を通じて、競

第1章　経営者のコグニションとグループ認識への関心 ｜ 15

合しながらも仲間性を見出す企業とそうでない企業とを識別する。

■コグニティブな戦略グループの変化に関する命題

命題4（行動ベースの戦略グループの形成）：仲間性の認識は、保有資源に関わらず獲得され、共通的かつ協調的な行動を起こすコグニティブな行動グループを形成し、その他の強く競合すると考える企業との違いを作り出す行動を起こす。

命題5（新たな資源ベースの戦略グループ）：行動グループのパフォーマンスが市場で顕在化し、ある程度の期間持続的な競争力を発揮したとき、そのグループは新たな資源を有する戦略グループとして業界内で認知され、共同主観として安定化する。

1-2.　研究の背景

競争戦略論では、一般に競争優位の根拠は、業界内でのポジショニングあるいは保有資源がベースになり、競争戦略の立案もここから出発することが多い。しかしこのとき、経営者のコグニションが競争優位性の確立にどのように関わるかは、研究のスコープからは捨象されがちである。Miles and Snow（1978）が主張したように、経営者が「自社の戦略を裁量的に選択できる」のだとすれば、経営者はどのように競争環境や競合を理解し、その理解を戦略に役立てるのだろうか。経営とは、人が持つ知識や考えを抜きにしては語れない活動であるにもかかわらず、経営者の関心や、認識の中身に興味を示す戦略論研究は意外なほど少なく思われる。これまで競争戦略論の領域では、業界の競争分析をするためのツールがさまざまに提案されてきた。しかし企業の外部者視点のツールでは、競争の当事者が競合する他社をどのようにして捉えているのかは読み解けないし、彼（彼女）らによって駆動される戦略行動との間でそれがどういう働きをするのかは、なおさらわからない。

伝統的な戦略グループ論では、業界内に保有資源による移動障壁が存在すれば、その業界には戦略グループが存在すると通念的に考えられている。その代表格である経営者の主観を考察対象としない客観主義型の戦略グループ

研究は、グループの境界や同一業界内の企業の収益性の違いを、参入障壁や移動障壁という概念で説明しようとしている。そこでは一般的に、障壁は保有資源の違いによって形作られ、保有資源の違いは戦略の違いを作り出すと言われている。だが、実際には企業は似たような資源を保有していても、すべての企業が同様の戦略行動をとるとは限らないし、同じ戦略グループに属していると考えられる企業の間でも、パフォーマンスが異なる場合があることは十分に説明されていない。また、もしその資源の競争力が通用しなくなるほどに市場の環境が変化するとしたら、その戦略グループはどうなってしまうのかということや、このとき戦略の主体である経営者たちはどのようにふるまうのかということも、ほとんど研究の俎上には上ってこなかったように思われる。

　他にも伝統的な戦略グループ論には、ある業界の特定の時期はそう分けられるだけだといういわゆる「静的スナップショット批判」や、「戦略グループは単なる分析上の都合」（Hatten and Hatten, 1987）、「単なる計算の結果得られた人為的カテゴリーに過ぎない」（Barney, 2002）といった「便宜的ツール論」に対して、いまだ十分な反論を用意できていないという課題もある。戦略グループについての評価がばらついており、物ごとをきれいに説明しきれたと言える状態にないのは、産業組織論による決定論的アプローチに依存しすぎて、戦略行動を左右し実行する意思決定権者の分別や環境解釈、影響力といった内発的な要因（Mascarenhas, 1989）への踏み込みが不足していることが、理由にあるのではないかと思われるのである。

　そうしたことの一方で、1980年代後半には人の主観的側面に焦点を当てる戦略グループ研究が登場している。戦略グループはおのおのの経営者のマインドの中に心理的に存在するものだとする、コグニティブな視座を持つ研究である。当事者が自己の置かれた環境をモデル化することによって理解しようとするとき、業界にはグループ性が発生する。戦略担当者の競争環境や競争相手についての認識は、個々の企業の戦略が個別的にユニークであるかや、すべての企業の戦略が似ているかどうかを個別に知覚するのではなく、グループ構造で特徴づけすることによって形成される（Reger & Huff, 1993）というわけである。

競争する組織や環境に対する企業の認識と競争への対応を、グループ概念で実証的に説明しようとした初期の代表的な研究には Porac, Thomas and Baden-Fuller（1989）がある。この研究では、戦略行動には企業が個別に生み出す企業レベルの戦略行動と、似たような条件を持ついくつかの企業に競争圧力がかかることによって引き出されてくる、構造的なグループレベルの戦略行動の2種類があり、これらの構造を両方理解して初めて競争というものが理解できると考えている。このときに、個々の経営者のメンタルモデルとグループレベルの認識のつなぎとなるのが業界内の共同主観である。Reger & Huff（1993）は、業界内での情報流通が現在、および将来への期待の解釈の共通化を促進すると考えた。同業他社を継続的に観察・参照することで、参照グループを同じグループであると符号化（encode）することが起こり、これにより業界内で相対的に静的なコグニティブグループ化が進むと考えたのは Peteraf and Shanley（1997）である。

　経営者のコグニションをベースにした主観主義的な戦略グループ論には、戦略グループ論全体に対する批判や課題の他に、特有の課題もある。コグニティブな戦略グループ論では、ある業界における企業のパフォーマンスを最もよく説明するグルーピングが、客観的に1つだけ存在するという考え方をとらない。このため、コグニティブな戦略グループ概念が経営に対してどのような意味を持つ概念なのかがわかりにくい。また、グループの識別方法に所定の手続きはなく、経営者が戦略グループを分ける基準となる戦略次元には、資源の共通性以外のものが使用されることもある。

　このような概念や戦略次元の使用の曖昧さゆえに、コグニティブな戦略グループ論には、企業の競争戦略に対する示唆にいまひとつはっきりと確立されたものがないようにも見える。さらに言えば、ある業界にコグニティブな戦略グループが存在したとして、それが誰にとってどのような意味があるのかということの検討や、時につれてグループが変化することについての議論は十分とは言えない。

1-3.　研究の目的

　本研究は、混乱する戦略グループ論の「実在」に関する課題の一端を解決し、他社戦略の参照行動を行う経営者の主観的（コグニティブ）なグルーピングが、資源と競争行動の相互関係を通じて変化していくメカニズムの解明をする。このことで、戦略グループ理論の動学化に貢献することを目指す。

　そのために本研究は、大きく2つの目的を持つ。第一の目的は、競争の現場には各社の保有資源や戦略行動といった、ある共通性への着目による経営者のコグニティブなグルーピングが存在することを例証すること、第二の目的は、他社戦略の参照行動とその変化を通じて、経営者の主観によるグルーピングが新たな戦略グループを生み出し、変化していくメカニズムに関する1つのモデルを示すことである。

　第一の目的は、言い換えれば、分析者がツールを用いて人為的に業界を分類した便宜的なグルーピングとは異なる戦略グループが、存在することに一定の根拠を示し、戦略グループの実在論を支持する根拠を示すことである。理論的には、まず客観主義的戦略グループ論と主観主義的戦略グループ論を分離する。その上で、経営者による心理的なグルーピングには、資源の共通性に着目したコグニティブな戦略グループと、行動の共通性に着目したコグニティブな戦略グループが両方存在し得ることを示す。本研究は、コグニティブなグルーピングは同時に複数存在し得ることを支持しつつも、経営者がある時点で何の共通性に着目してグルーピングをしているのか、そしてそれが何に変化していくのかを明らかにする。

　第二の目的のために、具体的には以下の2つのことを行う。

　1つ目に、コグニティブな戦略グループの変化のメカニズムの前提には、他社戦略の参照行動があるということの実証的な確認を行う。競争変化が比較的早いタームで起こる業界では、それぞれの企業がどのような資源を活用するかや、生き残りのポジションを確立していくための行動を、素早く決定する必要に強く迫られる。このとき当事者の代表である経営者は、競争環境を特によく理解し、タイミングよく具体的な戦略に落とし込んでいくことが求められるため、同じ顧客を取り合う関係にある他社の戦略行動を常に観察

していると思われる。しかし競争環境の変化が早い業界では、何が競争優位性をもたらす資源なのかをあらかじめ特定することは難しい。仮に特定できたとしても、安定的な業界のように時間をかけて調達蓄積することは状況が許しにくく、陳腐化もしやすい。このような業界では、競争優位性の確立のために何に着目するかがプレーヤーによって大きく異なる可能性が高い。したがって、経営者が競合する他社の戦略的な行動を参照することや、経営者がどのように考えて戦略行動をとろうとするかを考察することが意味を持つ。

　経営者のコグニションは、当該企業の競争行動に少なからぬ影響を与える要素の１つであるが、コグニションは実体験および競争環境の観察によって形成されると考えられる。だが現実には経営者は自らの知識に制約されつつ、自らと意思決定に関与する人々の認識する物ごとに依存しながら意思決定を行うしかない（加護野, 1988）という限界もある。経営者の競争環境の認識努力は、必然的に真剣味を帯びざるを得なくなるだろう。経営者は、複雑で変化の激しい環境で事業展開しているときほど、視界の隅々にまで目配りする（Day and Schoemaker, 2009：ディ、シューメーカー、2009）とされるのも、肯首すべき成り行きである。本研究は、経営者のコグニションと競争行動との関係性を論じる初手として、経営者による他社の戦略の参照行動に接近する。

　２つ目に、コグニティブな戦略グループが、資源と競争行動の相互関係を通じて変化していくことを実例で示す。本研究では、競争環境が変化するとき競争の当事者である経営者の主観的なグルーピングが、他社戦略の参照行動を通じて競争行動に影響を与え、新たな戦略グループが作り出される要因となり、業界内で共同主観化されていくプロセスをモデルで示す。

　本研究は、資源と行動とは関係しつつも、資源が行動を規定するパターンは必ずしも一致しないこと、および行動から資源への影響の経路が存在し得ることを主張する（このことは、保有資源が行動とパフォーマンスを規定するとする、一方向に固定的なパラダイムに一石を投じるという意味もある）。

　以上の作業は以下のように、「戦略グループ理論の動学化」に貢献する。

　まず、本研究は戦略グループの成立過程の考察に役立つ。これまでのコグニティブな戦略グループ論は理念的な提示がほとんどで、グループの形成と変化を経時的かつ実証的に論じた研究が極めて少ない。戦略グループ論の分

類は第3章で詳しく行うが、本研究は主観主義的で動的な戦略グループ論に属し、記述的な方法により戦略グループの変化のメカニズムを説明する。

コグニティブな戦略グループの変化は、他社戦略の参照行動によって環境や保有資源の競争力の変化を経営者が認識し、それを戦略構想の意識の中に取り込むことが前提となる。業界内で企業が同じ顧客を取り合う状況下では、コグニティブなグループの内にも外にも参照対象は存在し、新たな脅威が現れれば、参照の範囲や対象はさらに広がる。そのような中から、新たな優位性をもった企業のグループの認識が確立されれば、それもまたある新たなコグニティブな戦略グループとして成立することが示唆できる。

次に、戦略グループ論への資源ベース戦略論からの接近である。戦略グループ論には、グループの境界は保有資源の違いであり、グループは移動障壁に基づき識別されるべきだ(Mascarenhas and Aaker, 1989)という見かたがある。資源障壁の概念を間にはさんで、一般的にはポジショニングアプローチに属すると言われる戦略グループ論にも、資源ベース戦略論との接合点がある。競争環境が変化すれば、競争優位性に資する資源が、何であるかもまた変化するだろうとの着想は比較的容易である。本研究では、基本的には資源が戦略行動に影響するという文脈を保ちながら議論の深耕を試みる。研究の縦の軸が主観主義的な戦略グループ論とすれば、横の軸にあるのは資源ベース戦略論的なアプローチである。戦略グループが変化する過程で新たな資源蓄積のプロセスが示されることは、「初めに資源ありき」型の資源ベース戦略論にも動学化の光を投げかけるものとなるだろう。資源と行動の戦略グループの存在と相互の関係性を明らかにすることは、Priem & Butler（2001）による「何が競争に有効な資源であるかは、後から理由づけられたものに過ぎないのではないか」という、資源ベース戦略論の後付け批判に対抗する理論的な補強となる。

1-4.　研究の方法と解題のステップ

本研究の理論的なバックボーンが、主観主義に立脚したコグニティブな戦略グループ論であることは前述のとおりである。コグニションという、外部

からの観察だけでは伺い知ることができない内面的な問題を取り扱うために
は、経営者が実際に認識している事実や事柄に対して接近する必要がある。
したがって研究方法は、経営者へのインタビュー調査を伴うケース・スタディ
による質的な分析を採用する。

　研究方法の選択について Yin（1994）は、「どのように」という問題形態を
有し、かつ現在の事象に対する研究者側からの制御の必要性がない課題で、
さらに命題を開発することを目的とするような課題に取り組む研究は、ケー
ス・スタディによるのがよいとしている[3]。コグニティブな戦略グループ論
は、概念的な提示はなされてきたが、実証的な基盤は未だ脆弱であると言わ
ざるを得ない。したがって、「コグニティブな戦略グループはどのように存
在（実在）し、どのように変化するのか」という問いには、現実の世界で実
際にどのようなことが起こっているのかを示すことができる、ケース・スタ
ディを以て応えるべきであろう。

　嶋口他（1984）は Yin（1984）に依拠しつつ、さらに研究方法を３つに分
けるという類型の精緻化を行っている。これによれば、「何が起きているのか」
という問いかけから開始され、現象における「どのように」という説明の開
発へと進められる研究は、まず現象を記述することを目的とする「探索的・
記述的ケース・スタディ」から出発し、現実のデータと対話しながら浮上し
てくる現実的な理論（グラウンデッド・セオリー）の構築を目指す「探索的ケー
ス・スタディ」へ、さらには「探索的・説明的ケース・スタディ」へと順に
進められていくことが望ましいと考えられている（表１）[4]。このことから戦
略グループは、「どのように」存在しているのか、から出発し、経時的な変
化は、「どのようであるか」ということを一般命題化するには、

　①　ある業界を例に取り、何が起こったのかという事象を記述する。
　②　記述された内容から、グラウンデッド・セオリー・アプローチに依拠
　　　した質的データ分析を行う。

という、２段構えの方法を用いることが適当と考えられる。

　今日的には、複数の企業が異なる資源を有しながら、顧客獲得競争を展開
している状況は珍しくない。むしろ競合企業の保有資源が、常にほぼ同等で
あることを前提とした競争戦略論は、あまり実践的な示唆をもたらさないの

表1 嶋口（2009）によるケース・スタディの類型と研究の進行方向

	探索的	検証的
記述的	記述型 ケース・スタディ	―
説明的	理論産出型 ケース・スタディ	理論検証型 ケース・スタディ

注：研究の進行方向を示す矢印は筆者加筆。

ではないかという懸念すら感じられる。このために、本研究は、競争環境の変化が起こる業界で、各企業（経営者）が競争優位性を作り出すために着目する資源が、大きく異なる状況を前提とする。

　要すれば本研究は、「戦略グループとは、保有資源の違いが主要な差異化要因を何にするのかの意思決定や、行動に違いをもたらすグルーピングである」という定義のもとで、

　①　競争環境に比較的早い変化があり、
　②　競争に有効とされる資源の分布が極端に大きく、
　③　外部観察によってもある程度グループ性が認められる。

という文脈を持つ代表事例を求め、そのケース・スタディを行うのである[5]。事例には、国内のコンシューマー向け ISP（Internet Service Provider）事業の、業界創成期から約20年間の顧客獲得競争の軌跡を採用し、コグニティブな戦略グループ論の前進を目指す。

　解題のステップを箇条書きにして示すと以下のようになる。嶋口他（2009）による分類を用いて言えば、おおよそ①から⑤までが「探索的・記述的ケース・スタディ」、⑥以降がグラウンデッド・セオリー・アプローチに依拠した「探索的・説明的ケース・スタディ」にあたる。

　①　先行研究レビューにより異なるパースペクティブの戦略グループ論の

分類をする。

②　戦略グループ論の論点整理をし、本研究における概念設定をする。

③　コグニティブな戦略グループを、資源を基準に識別されたグルーピングと、実行された戦略行動を基準に識別されたグルーピングに分けて考えることを提案する。

④　国内のコンシューマー向け ISP 事業の史的記述をする。

⑤　経営者へのプレインタビューに基づき、コグニティブな戦略グループと、経営者が任意に描くプレーヤーマップとの概念的な違いを明確にする。

⑥　本調査のデータ分析を実施する。

⑦　コグニティブな戦略グループの経時的変化に関する検討、および一般化された命題の提示をする。

2　激変する競争環境と競争戦略：研究対象としての ISP 業界

2-1.　事例の選定

　本研究の事例となるための条件は、競争環境の変化や競合が激しい業界であること、業界内で競争に資すると考えられている資源の分布が大きく異なる業界であること、またそこで展開される競争が企業の自由な意思による自由競争市場であることである。本研究では、国内のコンシューマー向けインターネット接続事業（Internet Service Provider：以下 ISP 事業）を事例として選定した。

　この業界を取り扱う理由は、第一に業界の創成期から競争の軸となる主要プロダクトが技術革新と共に変遷し続けており、競争環境の変化が早いことである。各社とも戦略変化の必要性に迫られやすく戦略的行動の軌跡を追いやすい。競争が膠着状態にある業界では、過去・現在・将来に対する経営者のコグニションが固定化している可能性があり、変化の観点からの検討がしにくくなるが、本業界ではこのような懸念が少ない。

第二の理由は、本業界が異なるバックグラウンドを有する多数の企業からなり、プレーヤーの資源の持ち方が大きく異なっているということである。このことは業界内における資源分布の不均衡と、各企業が競争優位性を作り出すのに利用する資源が異なることを意味している。予備調査によって、本業界にはバックグラウンドの違いにより「キャリア系」、「メーカー系」、「独立系」と呼び分けられ、慣習的に使用されている比較可能なグルーピングが少なくとも3つあることがわかっている。分類呼称があることで業界内にグループ性が認められ、当事者がプレーヤーをさまざまに位置づけながら認識している様子がうかがわれる。

　第三の理由は、この業界が自由競争市場であり、頻繁な参入退出によりプレーヤーの顔ぶれが変わることである。経営者が他社を観察する必然性が高く、他社に対する位置づけの認識も変化しやすいと考えられる。

　第四に、本業界の創成期から約20年間は、インターネット接続事業というほぼ単一の競争軸で企業の動きを見ることができるという理由がある。これも研究素材として適当と考えられる理由である。複数の経営者のコグニションと競争行動について一次情報が収集できるだけでなく、ISP同士がその時々で何を競っていたのか、競争の土俵が理解しやすい。

　インターネットの商用利用が始まったのは1990年代前半であり、日本では1995年ぐらいから一般ユーザーへの普及が加速し始めた。総務省の「平成28年通信利用動向調査」の結果によれば、2015年末（平成27年末）のインターネット利用者数は、前年末より28万人増加して10,046万人（前年比0.3％増）、人口普及率は83.0％[6]である。サービスの商用化以来、ユーザー数は増加の一途をたどり、現在は微増を続けながらもユーザー数や人口普及率は、ほぼ頂点に達したと言われている。業界の創成期よりこのかた、インターネットをめぐるプレーヤーの浮沈、技術の変遷、利用方法の変化などには目を見張るものがある。インターネットの急成長の背景には、ISPによる熾烈な顧客獲得競争があった。

　日本では、NTT東日本・NTT西日本（以下、NTT東西）という巨大通信キャリアによるインターネット接続サービスの直接提供が、法的規制[7]によって制限されている。このためわが国ではISPと呼ばれる事業者が、顧

客接点を持ってインターネット接続サービスを提供するという、世界的には特異な形で業界が発達してきた経緯がある。接続事業以外のビジネスも含めれば、今やインターネットビジネスは直接比較することが困難なビジネス群が多様に入り乱れる、複雑で巨大な市場空間である。だがその一角である創成期以来約20年間のISPの顧客獲得競争を切り取って見れば、NTT東西のような特異なジャイアントが直接競争に参加することのない、比較的シンプルな自由競争の構図となっている。国内で事業を営む企業には大小さまざまな規模があると同時に、参入・退出は自由、インターネット相互接続点への接続形態の違いや、通信回線を自社で保有するかどうか、自社では加入者契約を持たずにサービスの卸事業を行うなど種々の運営形態があり、運営母体となっている社の性格や事業開始の経緯などが異なるという特徴がある（根来・堤, 2004）。

　この約20年間、ISPが競っていたのはほぼ純粋に、インターネット接続サービスを利用する顧客の数であり、他のビジネス要因による撹乱が少ないことは、単一事業の競争戦略を研究するにあたってのメリットである。創成期から現在までの約20年間の競争の推移は、インタビュー以外に公開資料による客観的な記録が確保できる。本業界の内側で展開される各社の行動は、完全競争に近い状態で市場の自由競争がどのように進展するかを知るのに都合がいい。ある業界の中で競争の構図が変化していくことの事例として、ISP業界を取り扱う理由はこのようなところにある。

2-2.　インタビューおよび記述の概要

　本書ではまず、国内のISP業界において経営者が競争をどのように認知し、解釈し、どのような行動を起こしてきたのかを歴史的に概観することによって、読者との間でISP業界の創成期から2012年ごろまでの同業界の競争状態についての理解の土台を作っておきたい。以下は、国内のコンシューマー向けにサービス提供を行う主要ISPにおいて、実際に経営に直接携わる立場にあった人々に行ったインタビューおよび、公開資料に基づく顧客獲得競争に関わる各社の認知と、戦略的行動についての記述である。記述はインタ

ビューおよび公開資料をもとに分析時点における業界の競争を表すことを目的とし、一貫して個別の経営の巧拙を論じるものではない。

インタビューは、2010年8月から2011年7月にかけて行われた。役員あるいは事業の意思決定に直接関与することが可能な立場にあった計17人に、競争環境をどのように捉えて自社の戦略や意思決定に結び付けてきたかを、半構造化質問による直接面談形式で聞き取り調査した。予備調査としてヒアリングを行った2社に対しても、時間を空けてから本調査のインタビューを実施している。

調査対象となったISPは、主に大手と呼ばれるISPである。日経BP社が公式に契約者数の調査結果を発表した最後の年である2006年時点で、契約者数上位20位以内にあり、かつインタビューを開始する2010年8月現在に事業の独立性を維持しインタビューに応じた各社である。また競争から退出しているISPであっても、インターネット創成期にスタートアップスとして有名であったところや、インタビュー中に何度か名前が挙がったISPには当時の責任者にコンタクトし、インタビューを行った。また、1社につき一人の人の個人的意見に偏らないよう、可能な場合は複数名に対してインタビューを行った。被調査者の中には途中で他のISPに転職をしたり、所属するISPが吸収合併等で変わったりした人もおり、直接話を聞くことができたISPの数は12である。また、創成期から雑誌の刊行を通じて、業界に深い関与を保ち続けてきた『インターネットマガジン』編集部（インプレス社）にも合わせて聞き取りを行い、ISPの競争の推移について時系列の整合性のチェックと外部視点の知識を補完した[8]。

本インタビューは、被調査者が他者の発言に影響を受けることがないように、個別に実施をした。被調査者には他に誰が被調査者となっているか、他者がどのようなことを話したかは知らされていない。本インタビューでは、被調査者の認識にバイアスをかけることなく、できる限り自然な発話を得ることが必要である。質問を通じて調査者の解釈や外部者視点の観察が、回答者の思考の中に入り込むことを極力避けるために、質問をする際には「ポジショニング」、「戦略グループ」、「資源ベース戦略」といった、経営学の専門用語を使用することを極力避けた。なお被調査者のコメントを引用する際に

は、そのままでは文章として意味が通らなくなる場合を除き、極力発話のままに記述している[9]。「　」内はインタビュー時の発言である。

　インタビュー内容からは、同じ市場に立ち向かう経営者たちが認識していた多くの事がらや考え、それぞれの競争行動などを読み取ることができる。また、各社は互いに戦略的行動の応酬を繰り返しながら顧客獲得競争を展開してきたことも読み取れる。記述する内容を多少先走って言えば、料金の値下げ合戦のようなわかりやすい模倣・追随行動の一方で、他社の行動とは類似性を異にする独自の行動を取ろうとしたこともあれば、ある仲間性を共有するグループで協調的な行動を取ろうとしたこともあったことがわかる。

　現在、ユーザーがインターネットを利用する方法は多様化している。ISPと契約を結んだ上で机上のパソコンから接続する古典的な方法もあれば、携帯電話やスマートフォンなど、インターネット接続機能があらかじめ組み込まれた端末から、個別の ISP 契約を意識することなくインターネットを利用する方法もある。インターネット通販（イーコマース）など、通信を本業とする者とは異なる顧客接点を登り口とするプレーヤーの参戦もあり、インターネットビジネス全体の競争の版図は拡大し、複雑化している。本研究の対象期間である 1990 年代から 2010 年代前半ごろまではまだ、競争は比較的箱庭的でシンプルな構図だったと言っても差支えなかろうが、その後の合従連衡や M&A も絶え間なく続き、業界の地殻変動は今この瞬間にも続いている。そのように刻々と変化する状況の中で、経営者は競合他社、技術、顧客、影響力を持つ親会社、新たな収益モデルで自社の利益を収奪する可能性を持つプレーヤーなどを観察し、解釈し、戦略的行動について絶えず意思決定をしている。

　ここで記述する内容は、後の章における質的分析の基礎データとなる。分析がいたずらに複雑化することを避けるために、本書の分析対象は主に固定型パソコンでのインターネット接続を前提としたサービスによる、ISP の顧客獲得競争に絞っている[10]。

（注）

（1）Cognition: the mental action or process of acquireig knowledge through thought, experience, and the sences.（Concise Oxford English Doctionary）日本語では「認識」という訳語を当てられることが多いが、本研究では語義を損なわないために訳語をあてず、「コグニション」、「コグニティブ」という語を使用する。

（2） Strategic groups can be defined in a way that allows some strategically important variance among firms within each group.（p.104）

（3） Yin（1984）、邦訳新装版（1996, p.7, 図表 1.1）。

（4） 嶋口他（2009, p.119）図表 2。

（5） 嶋口他（2009, p.133）、田村（2006, p.81）。

（6） 使用される端末にはパソコン、スマートフォン、携帯電話、タブレット端末等を含む。

（7） 国内における電気通信事業の役務を定める法律に、電気通信事業法がある。また NTT（日本電信電話株式会社）および NTT 東西（NTT 東日本株式会社および NTT 西日本株式会社）の事業内容を定める法律は NTT 法と呼ばれる。正式名称は「日本電信電話株式会社等に関する法律」。

（8） 本節では、ISP 経営に携わった当事者の主観の記述を行う。公開資料に基づく、ISP 事業の創成から 2004 年頃までの OCN（NTT コミュニケーションズ）他、各社の価格競争行動についての詳細は、宮元（2004）も参照されたい。

（9） 会話の引用に際して、各社の社名およびサービス名等については、商号や名称が変更されているものもあるが、表記は可能な限り当時のものを使用した。

（10） 固定型のパソコンによるインターネット接続競争の後に現れた、携帯電話会社や MVNO（仮想移動体通信網）事業者などを巻き込んだ市場競争については、別の機会に論じることとしたい。

第 **2** 章

経営者の認識と事業行動の記述： 国内のコンシューマー向け ISP 事業の顧客獲得競争

1 | ISP ビジネスの創成と一般的な分類

インターネットとは、TCP/IP（Transmission Control Protocol/Internet Protocol：電動制御プロトコル／ネットワーク間プロトコル）という通信手順を用いて、通信ネットワーク上にある世界のコンピュータを相互に接続する巨大な網である。インターネットを利用して全世界に存在するホームページを閲覧したり、電子メールを送受信したりするには、基本的には ISP（Internet Service Provider）と呼ばれるインターネット接続事業者への加入契約を行い、通信回線を通じて端末をインターネットに接続する必要がある。

事業者の間では、国内の商用インターネットサービスの始まりは 1994 年だということでほぼ了解されている[1]。以下の発言がこれを裏付ける。「日本のインターネットはいつ始まったかと聞かれることが多いので、うちは一応 1994 年と位置づけています。IIJ とか東京インターネットが出たときです。その前のものというのは、本格的なプロバイダというよりは、IP ではないパソコン通信の流れを受けていたり、アメリカから出てきたりとかいうものなので、日本独自の商用サービスというのは一応 1994 年ということにしています」。

「1994 年 7 月に第 1 回目の『NetWorld+ Interop Tokyo 1994』が開催され、『インターネットマガジン』や、『アスキー』周辺の人たちがこぞって、「商

31

用インターネットが始まったぞ」という記事を書いた。要はそれを使ってビジネスをやりましょうとか、それを安くしたいとか、自分たちで使いたいと思う人がいてスタートしている」。

「日本でインターネットというものを本当に理解したプロバイダが作られて、一般向けや企業向けにちゃんとしたサービスが始まった。そこに後からさまざまな会社が続いていった」。

1994 年には IIJ の他に、InfoWeb（後に @nifty に統合）、asahi ネット、ベッコアメ、リムネットなどがサービスを開始している。翌 95 年には NEC mesh（後の BIGLOBE）がサービスを開始し、96 年にかけてソニーコミュニケーションネットリーク（So-net）、DTI、AT&T ワールドネット等の設立とサービスの開始が続く。

「日本の個人向けインターネットはベッコアメ、リムネットそれからウインシステムの 3 社でスタートしたという風に思っている」。

という言い方をする古参の経営者も少なくない。歴史的には、これらを嚆矢に ISP 間でのコンシューマー顧客の獲得をめぐる市場競争が始まったと言えるだろう。

初期の商用インターネットは、専用線接続方式から始まり、次にダイヤルアクセスによる接続方式へとラインアップが広がりサービスが拡張していった。ダイヤルアクセスによる接続方式とは、ユーザーが ISP のインターネットへの接続ポイント（アクセスポイント：電話番号）にまず接続し、そこを経由してインターネット網への通信を確立していくやり方である。最も初期のサービス開発には、各社間に競争的な側面もあれば協調的な側面もあった。

「一からサービスを作らなくてはならなかったので競争を比較する対象はなかった」

というところもあれば、

「1996 年ごろは自分たちと仲間の数社が突っ走っていた。それぞれに技術的競争心はあったが、新しいサービスを作るワーキンググループがあった」。

「もともと通信事業そのものには詳しくないので、他社の人に教えてもらいながらサービス開発をした」。

というような話もある。

ISP業界には関係者が頻繁に使用する分類呼称がある。主には、各社のバックグラウンドにより「キャリア系」、「メーカー系」、「パソコン通信系」、「独立系」と分けて呼ぶもの、事業の地理的な提供範囲の違いにより「全国系」、「地域系」と呼ぶものなどがあり、これらはほとんどのISPの間で了解されている。前者は、参入当初から保有している各社のもともとの資源の違いを表しているとも言えるが、正確には分類に漏れやダブりがないかといえばそうでもない。例えば、富士通を親会社に持つ@niftyやNEC（日本電気）を親会社に持つBIGLOBEは、「メーカー系」でもありパソコン通信を起源に持つ「パソコン通信系」でもある。So-netはソニーを親会社に持つ「メーカー系」ではあるが、「パソコン通信系」ではないといった具合である。また自ら意図的に「あるときはメーカー系、あるときは、うちは独立系ですからと言ってうまく使い分けていく」と語るところもある。またDTIは、当初三菱電機グループの資本を受けていたが、後に東京電力系企業への売却、TOBなどで資本構成が変化し、プレーヤーの間では「メーカー系」ではなく「独立系」と認識されているというように、分類の認識には揺れが存在する。

1-1. 「キャリア系」ISP

NTT（日本電信電話株式会社）は、1994年1月に「マルチメディア基本構想」を発表し、同年9月にはマルチメディア共同利用実験を開始することを通じて、ISP事業開始の準備を進めていた。構想の内容は、ネットワークのデジタル化、アクセス網の光化の整備、ネットワークのオープン化（NTT網との相互接続）を謳ったものであったが、すでにISP事業を始めていた先行事業者からは、「キャリア系がやってくる」という言い方で参入を受け止められていた。「キャリア系」とは、電気通信設備を保有し自社回線を使ってサービス提供を行う事業者のことである。業界内では、NTT（1999年までは1社体制）のOCN、第二電電株式会社（DDI：2000年からKDDI）のDION、日本テレコムのODNの3つを指していることが多い。OCNのサービス開始は、1996年。1997年に入りODN、DIONとサービス開始が続く。

第2章　経営者の認識と事業行動の記述　33

相当の資本力と通信技術を擁して参入を図るキャリアの動きを見て、先行事業者の現場では、対抗方針に関する問題意識があったという。だが実際には経営陣の反応は緩く、

「インターネットはただのブームかも知れないと言われ、設備投資に対してすごくネガティブだった。切羽詰まらないと設備投資しないみたいな感じ」。

「1996年の頭ぐらいのところでキャリア系が来るからどうしようと思ったが、社内は割と極楽とんぼで、戦略がないので不安になった」。

「1996年の頭でOCNが月額3万円で定額制の契約を始めるという話があり、1年も準備期間があるのだからけんかしようよ（本気で設備投資をしよう）と言ったんですが、やらないというような判断だった」。

というような話が延々と続く。

　市場の立ち上がり期に、ダイヤルアクセスをサービスのベースとしたISPが大きく育つためには、アクセスポイント増設等の設備投資資金をいかに調達するかが要諦であった。しかし、大資本を有して参入してくるキャリアや、大手企業を親会社に持ち、パソコン通信時代の顧客ベースを有しているISPは別にして、先行事業者は、資金調達やベースロード収入獲得の努力を最初から放棄している状況にかなり近かったと言える[2]。

「正直言って、コストベースの事業計画って書いたことないんですよみたいな人たちが事業をやっていた。街のおやじが始めたようなISPが山ほどあった」。

「キャリアが参入してきて、やはり持っている資金力が違うなと思った」。

　当時、日本の資本市場における資金調達はそれほど柔軟ではなかったが、全く方法がなかったわけではない。1995年7月にはハイテク企業を中心とするベンチャー企業に、株式公開の機会を与える目的で特則市場（店頭登録特則銘柄制度）が創設され、大手企業の後ろ盾を持たない独立系のISPにも資源調達の道が多少は開いていた。しかし実際には、

「わが社にも特則市場の話は来ていたが、上場ってそんなもの何だ？ IPOって何だそりゃ？という感覚だった」。

という話に代表されるように、結果的に特則市場は有効に機能せず、規制緩和により本則銘柄と特則銘柄を分けておく意味が薄れた1998年に廃止され

る。

　ベンチャー系企業の金融市場における資金調達が軌道に乗ってくるのは、1999年のマザーズ開設を待たねばならず、キャリア系ISPの参入とインターネット市場の急激な立ち上がりに対応する必要があった多くの独立系ISPは、資金という経営資源の調達に失敗する。

「資金力の面でキャリアとは戦えない。多少ネットワークが輻輳<rt>ふくそう</rt>しても、それはもうあきらめてもらおうみたいな判断だった。キャリアとは違う、パソコン通信の方の発想に近い感覚で、設備投資は鈍化した」。

「そうこうしているうちに一気にキャリアが来てとどめを刺した。一番お金が必要だった人たちは、ここで必要だった水をまけなかった」。

「キャリアの参入とテレホーダイ(夜間の電話料金の定額制度)で、利用のリミッターをはずされるという価格破壊によって、一気に市場競争価格に進行してしまった。もう僕らにはかなわないなという思いになった」。

「資本力の差でいくつかのコンシューマー向けISPは凋落した」。

このような流れで、多くの独立系と呼ばれたISPは敗退していく。

　初期の独立系と呼ばれているISPが、資金調達の不振で設備投資ができなかったこと、あるいは当時の経営陣が戦意を持たなかったことは、さらに人材流出という形で追い打ちを招くことになった。インタビューでは次のような発言が続く。

「業界がグダグダになっているタイミングでは人が動く。大手のキャリア系が来るぞ、ヤバいと思った人はみんな転職した」。

「エンジニアの転職というのは実は'転職'ではなく業界内での'転社'。思いがあるエンジニアは有望なISPに転社していった」。

「NTTがメタルアクセスライン[3]を開放して、それを使ってOCNが64Kサービスを提供するんだったら、それを使ってうちらも同じように勝負しましょうよ、やつら(OCN)ができるんだったらわれわれも同じモデルでやれないはずはないだろうと自社の中で言ったんですけど、やらないと言われたので「じゃあ出ていく」と言った。どこに行こうかと思っていたらキャリア系ISPが拾ってくれた」。

「キャリア系のサービスが始まるぞというところで、これは戦うために頑張

らなきゃという話をしていたとき、すごい温度差が社内にあった。半分ぐらいの人はピンと来ていなかった。投資してインフラをやる気もない。でも儲けるために何かをしなければいけないという悩みや葛藤があったときに、ある大手ISPに自分と組んで、でかいことやろうぜと誘われた」。

　独立系と呼ばれ競争初期に凋落していったISPは、資金調達によって設備投資に失敗するだけでなく、これを契機に保有していた人的資源をも失う形で敗退していった。

1-2. 「メーカー系」ISP

　メーカー系と呼ばれるISPの代表格は@nifty、BIGLOBE、So-netである。@niftyは富士通、BIGLOBEはNEC、So-netはソニーを後ろ盾に、パソコン通信からあるいは直接ISP事業に参入した。メーカーのISP事業参入の動機は、親会社の事業内容に深く結びついている。各社ともコンピュータ営業、システムソリューション、システムインテグレーションなど、通信事業に近い部門の経験者を送り込んで経営を立ち上げている。
「富士通や日本電気がこの事業を始めたとき、メーカーだから下心としてはこういう事業をやることによって、自分のところの機械がいっぱい売れるということがあった」。
「ISP事業を始めたのは、メインフレームの時代が終わって明らかにインターネットがすごい勢いで伸びるぞ。その潮流にうまく乗ってビジネスを拡大しろという、割と軽いノリだった」。
「コンシューマー向けインターネットはこれからという時。わが社はコンシューマー向け家電メーカーというイメージだし、強みがあるというのが社内のコンセンサス。ビジネスはコンシューマー向けでやるということでスタートした」。

　キャリア系の参入の時と異なり、パソコン通信から参入をしてきた@niftyとBIGLOBEは先行事業者から脅威と認識された形跡があまりない。多くの独立系ISPが必要としながらも手に入れることが困難であった資本について、メーカー系ISPは親会社という大きな後ろ盾を有している。そ

れにもかかわらず外部から彼らは、過去からの自社のパソコン通信の顧客を引き継いでいくだけのように見えていた。先行事業者達は顧客の収奪は起こらないと考え、彼らを脅威・ライバルとは認識しなかったという。

「メーカー系にはパソコン通信から流れたISPと、インターネットだけやっていたISPの2系統があるが、パソコン通信から参入してきたISPがライバルだったイメージはない。パソコン通信から顧客をシフトしており、顧客を取りに来られたイメージがない」。

「当時はサポート競争や回線数やアクセスポイントの数が勝負。彼らには先行しているぜ、と思っていた。ライバルはあくまでも独立系の人たち」。

　一方で同じ「メーカー系」であっても、パソコン通信の顧客をベースに持たないSo-netは独立系ISPからはライバル視されていた。

「So-netはパソコン通信からでない、インターネット屋。十分に敵だと思った」。

　つまり彼らは、参入者のバックグラウンドにメーカーという親会社の後ろ盾があるかどうかではなく、パソコン通信からの顧客を継続的に有するのか、ゼロベースから顧客獲得を始めるのかどうかという点で競合性の識別をしたのである。

　パソコン通信から継続的に移行した顧客ベースは、さらなる新規顧客を呼び込む効果を生んだ。顧客からの利用料収入がベースロードとなり、元からの顧客数の多さは広告という別の付加価値をもたらす「資源」となって、市場のパイも広がっていった。先行事業者たちの「メーカー系はライバルではない」との読みとは裏はらに、メーカー系ISPが前身事業から引き継いだ資源は、直後に展開される激しい顧客獲得競争と価格下落に苦しむ事業収支の下支えとなり、敗退していく先行事業者を横目に退出の危機を免れる基盤となっていった。

　メーカー系ISPは、キャリア系ISPのことをよく観察している。そのうえで相手との関係性を「設備競争とは違うところで差異を出していくべき相手」として認識し、自社の事業の方向性を決定していた。

「NTTグループのOCNやぷらら（96年サービス開始）、DIONというのは、キャリアがやっている事業だから、ちょっと別みたいな感じはあった」。

「インフラやユニバーサルサービスみたいなものは、メーカー系は絶対キャ

リアにかなわない。自分達はサービス業で、キャリアにはそういうことはできない。キャリア系とメーカー系とは、本来は違いを出していかなきゃいけない」。

「ネットワークビジネスの経験がない経歴の会社で、ネットワークの設備競争に入っても勝てるわけないし、ビジネスになるわけがないと思った。われわれは当初からインターネットの接続レイヤから上でビジネスをしようと決め、回線の調達はマルチキャリアと決めていた。強みを発揮してビジネスできなきゃ意味がない。大きくいって間違った判断ではなかったと思っている」。

「コンテンツへの戦力集中をすると方針を固めたのは、NTTがマルチメディアと盛んに言っていたから。当時マルチメディアとは、コンテンツや映像だと捉えていた」。

このような認識の下で、1998年から2000年頃までにメーカー系各社は、自社のホームページ上で閲覧するコンテンツや、So-netのポストペット「モモ」[4]に代表されるような、コンシューマー向けのアプリケーションの提供、および広告事業などに力を入れ始める。これらは、接続事業以外のサービスに収益を求める、保有資源を活かした戦略拡大であり、キャリア系との差異化をするための、キャリアとは異なる位置取り戦略である。この位置取り戦略実現の後押しとなったのが、パソコン通信時代から蓄積してきた顧客資源であり、コンシューマー事業に対する蓄積されたノウハウの活用である。

「社長から、接続以外の事業を15%から30%にしたいという号令がかかった。社内では接続事業のウェイトが重すぎるのは問題で、それ以外の事業の売上げをどうやって増やすかという話をずっと議論していた。他のメーカー系でも同じようなことをやっていた」。

「気にしていたのは、コンテンツの閲覧数がどのくらい頑張れるかということ。これだけ人が来ているのだから、広告事業を少しでもやったほうがいいと思った。検索サイトほどではなくても、広告をやるとほとんど人件費がかからずに収入が立つ。接続料金はいくらやっても一人当たり数百円しか利益がないが、コンテンツ収入が入ってくればすごく大きい。自分が経営を任された頃は、そっち方向にどんどんシフトしていく時期だった」。

ところが一方でこのような考え方は、法人向けのシステムソリューション

事業を主業とする親会社からはなかなか理解されず、親会社の存在が彼らにとって長く制約的存在となったという話もある。

「親会社はもともと企業向けのコンピュータや通信機器をやっていた会社だから、コンシューマーに対するノウハウやマーケティングのやり方は決して強くない」。

「親会社のパソコン通信の成功体験が足を引っ張る慣性となった。儲かっているものだけやればいい。イーコマースを積極的にやろうという雰囲気はまったくなかった」。

　親会社の制約を受けず、So-net のように比較的闊達にビジネスを伸張させていったメーカー系 ISP もある。このことは必ずしも親会社からの制約が全くなかったことを意味しないが、メーカー系同士が互いを観察した以下のようなコメントがある。

「長い歴史の中で、独特のコンシューマーに対する製品開発をやってきているメーカーの場合は、一口にメーカー系と言っても法人向けの機器メーカーとはバックグラウンドが全然違うと思う」。

「親会社が通信キャリアとお付き合いがあると、その延長線上で事業をスタートするというしがらみがある。それがないわれわれは、やりやすいところもあったし、設備を全部一から準備するという大変さもあった」。

「親会社の社長がコンテンツ系ビジネスへの出資も積極的にやるポリシーの人で、親会社もイケイケだった」。

　しかし実際には必ずしも道のりが平坦なわけではないという。

「いろいろと心づもりはあってやったけれど、結果的にはなかなかビジネスにはならなかった」。

「だいぶユーザー数は増えたが、今から思うとそもそも ISP 立ち上がりのときだったので大した数ではなかった。接続会員の数としてはあっという間にキャリア系にも他のメーカー系にも抜かれた」。

「A 社は人気があった。B 社は僕が先にやるとすぐに追っかけてくるという追随者だったので、あまり敵じゃなかった。怖いとすれば S 社の方で、違う雰囲気があった」。

「勢いがあると言っても、たまたま出資戦略が当たっただけなんじゃないか？」

@nifty は好んで先行戦略を取った ISP であった。1999 年にはサービス名を NIFTY-Serve からアット・ニフティ（@nifty）に変えた。これは当時の経営陣の考えによるところが大きいと言われている。

「ブランドは通常、本社が管理するということだったけれど自分たち主導でやってきた」。

もともと同社には高いブランド認知があったが、顧客獲得競争が激化した 2000 年前後は、他の ISP に顧客流出を起こしていた時期であった。その対策としてジャンル別にポータルサイトを作り、加入者でなくてもコンテンツが見られるというにぎやかさに引かれて加入者数が増加するという構造を作ったという。このことが奏功し、業績を伸ばしていったと当時の経営者は回顧している。

「1 年ぐらいでインターネットらしい会社に直さなくちゃと思って、いろいろなことをやった。その時の面白い広告や、ジャンル別のコンテンツページが一気にニフティを変えた。それから契約者数がどんどん伸びて、しばらく日本一を続けた」。

1-3. 「独立系」ISP

独立系と呼ばれる ISP は前述のキャリア系、メーカー系に属さない多くの ISP のことであるが、関係者によってよく名前があげられたものにはリムネット、ベッコアメ、東京めたりっく、IIJ、DTI、asahi ネットなどがある。それらの中からいくつかの動きについて概観する（順不同）。

asahi ネットは、1994 年 6 月にサービスを開始した ISP である。前身事業はパソコン通信であるが、バックグラウンドは朝日新聞社系のメディアである。1988 年に朝日新聞社の『ASAHI パソコン』という雑誌が読者向けに、asahi パソコンネットという名称でパソコン通信のサービスを無料提供していたものを事業化し、1990 年に法人として独立した。

asahi ネットはパソコン通信時代から、TCP/IP と UNIX ベースの通信基幹ソフトを開発し、企業向けグループウェアの販売ビジネスと並行して ISP 事業を運営していた。パソコン通信のサーバを TCP/IP と UNIX ベースで

作っていたことは、ISP ビジネスに移行する際の設備投資の効率性という意味で、asahi ネットにとっては有利に働いたという。asahi ネットはメディア会社がバックグラウンドでありながら、広告やコンテンツ事業に収益を求めるということをほとんどしなかった。

　2000 年にニフティが「定額 2,000 円で利用制限時間なし」という形で価格破壊を起こすまで、初期のダイヤルアクセスサービスは、利用時間に応じた従量料金制であった。顧客の関心事は契約時の初期価格の安さよりは、アクセスポイントの数が多くて足回りの電話料金が安いか、接続しやすいか、サーバからのレスポンスは早いかといったことであった。競争のためにはアクセスポイントへの投資資金が必要とされた時代であった。パソコン通信からインターネットへの移行期に二重投資が必要なかったことも幸いし、asahi ネットはグループウェア販売で収益の下支えをしながら、事業ドメインを接続事業に限定して顧客サービスに集中する戦略をとった。

　自前の技術力でアクセスポイントの設計や構築をやっていたこともあり、asahi ネットは比較的安価でつながりやすい ISP として顧客数を着々と伸ばしていた。しかし他社が資本力にものを言わせて潤沢に設備拡充をした 2000 年頃になると、asahi ネットの優位性に陰りが出てくる。料金値下げの競争にも拍車がかかり、ISP 間で全体的にサービス内容に大きな差異がなくなってきたのはこのころである。それほど大きなブランド力も持たず、資金力に任せた大規模な広告宣伝も打っていない asahi ネットの相対的な市場競争力は、じりじりと下がっていった。

　コンシューマー向けの顧客獲得競争は、技術的な差異化要因が少ない中で価格競争の様相を強めていった[5]が、コンシューマー市場での積極的な競争から早期に離脱し、法人向けサービスへの集中を強めていった ISP がある。国内 ISP 事業の老舗 IIJ である。
「コンシューマーの顧客獲得競争が一気に過熱していく中で値下げはしたが、それはサービスに規模の経済性が働いてコストが下がるのに応じる程度。技術投資のためそんなに安くできないし、しない」。

　このような判断の底流には、インターネット技術の革新のスピードが早く、劇的な技術革新はこれからもまだ続くという彼らなりの読みと、自社の競争

力の源泉は技術力だという強い認識と自負がある。インタビューの中でIIJ
ほど「技術」という言葉が繰り返し出てきたISPは他にない。

「初めはベンチャーだったからお金も無ければ人もいないので、技術しかな
いという気持ちがあった。技術で勝負するんだということは明確にずっと
言ってきている。このくらいはやっていないとダメだという、当たり前のレ
ベルを当たり前にきちんとやっていたら、技術優位の会社と見られるように
なったということなのだろう」。

「コンシューマーへの直接サービスよりは、ネットワークのトランジットを
ISP向けに売るという意識は明らかにあった。コンシューマー市場は法人向
りと違い、広告宣伝費や代理店手数料などの販促費が高い。軸足のビジネス
モデルが違う」。

「1つの技術で10年サービスができるような業界ではないと考えれば、技術
投資の考え方も違ってくる。技術革新がこれからもまだ何段階も続く可能性
があって、自分たちでサービスを開発していかなくてはならないとすると、
インフラ部分を他人に委ねるというのは問題がある。価格競争に付き合って、
そんなに安くすることはできない」。

このとき他社もIIJの戦略転換を認識し、自社との比較をしている。しか
し各社の以下の発言からは、他社の戦略の参照をすることが直ちに参照相手
の模倣や追随を意味するわけではないことがうかがえる。

「IIJは比較的技術の好きな人が揃っている会社でもあるし、そういう人たち
をエンカレッジしてきた会社だ。だから、コンシューマー向けインターネッ
トが価格競争の方向に向かったときから技術を生かして、われわれとは全く
別の手を取りだした」。

「IIJはコンシューマー向けはやらずに、ビジネス向けに展開を徹底する会社
になった」。

「ビジネス向けの土俵ではIIJは自社にとっては敵だけれど、コンシューマー
向けという意味ではIIJは敵ではない」。

1995年に設立されたDTI（株式会社ドリーム・トレイン・インターネット）は、
三菱電機の通信子会社である三菱電機情報ネットワークの資本によるISP
でありながら、事業運営の実質は長くベンチャー出身のD氏にあった。こ

のため、関係者の間で「メーカー系」と呼ばれることはない。キャリア系の参入という脅威を前に多くの独立系 ISP が資金調達できず、人材流出を引き起こしながら競争退出への軌跡を歩んだ中で、DTI は大手電機メーカーから経営資源の調達をすることで独自性と事業の継続性を担保した ISP だった。

「独立系」と呼ばれるベンチャー起源の ISP は、資源調達の成否によって明暗が分かれた。比較的初期に競争退出したある独立系 ISP 幹部が次のように言う。

「DTI はベンチャーをベースにスタートしていて、三菱電機に企画書を通してその資本力でガンと始めた。われわれがやりたかったことをうまくやったというイメージ。資本政策がしっかりしていてうらやましかった」。

「1996 年ぐらいの DTI のことをよく覚えています。悔しかったのは、そんなに投資できるのかと思ったこと」。

DTI は立役者であった D 氏が DTI を離れ、三菱電機による経営色が強まった 2000 年以降に競争のトップラインからは脱落していったと、他の ISP からは言われている。

2 定額制ダイヤルアクセス時代の競争

2-1. 価格競争の過熱

1999 年 11 月に NTT 東西が、IP 接続の試験サービスを開始する[6]（フレッツ ISDN）。足回り接続に ISDN（Integrated Services Digital Network：サービス総合デジタル網）を使って ISP へのダイヤルアクセスを可能にする定額制の回線サービスである。それまでの ISP のアクセスポイントまでの通信料金は、テレホーダイと呼ばれる深夜の定額時間帯以外は電話と同じ時間従量制であった。NTT 東西は規制により ISP 事業ができなかったが[7]、この IP 接続サービスは利用時間を気にしながらインターネットを使わざるを得なかったユーザーの利用マインドに変化をもたらすことになった。

2000 年 7 月のことである。@nifty[8]がダイヤルアクセスの安価な定額料金

第2章　経営者の認識と事業行動の記述　43

制を打ち出す。これがISP間の激烈な価格競争に火をつけた。

「思い切ったことをやったものだから、あちこちから"ニフティ・ショック"とワアワア言われて大変だった」。

「2,000円で利用無制限にしたおかげで利益がグッと減ったが、一方で顧客数は増えてきた。だから収益は必ずプラスに戻るという確信があった」。

「一応ISPとしてトップを走っていたし、プライスリーダでもあったから、市場を引っ張っていく影響力があった。2,000円でいいから、一気に市場のパイを広げようと考えた」。

とは、当時の@nifty幹部たちの談である。

　ダイヤルアクセスによる顧客獲得競争の時代について、各社の幹部は以下のように回顧している。

「そこそこたくさんのプロバイダがいつつも、それなりに幸せにやっていた。競争もあったけれども調和がとれていた」。

「インターネットを使うユーザーは増えていく、なおかつインターネットは面白いとわかってきたから長時間使ってくれる。従量制だから単金は平均でも3,000円ぐらいいった。僕に言わせれば、ダイヤルアクセス時代が一番ハッピーな時代だった」。

　しかし、ハッピーと言われた時代はやがて終焉する。この時点までにある程度の事業規模を確立していた各社が追随価格を次々に打ち出していくことで、顧客獲得競争は一気に低価格化の方向に拍車がかかっていった。各社が低価格措置に踏み切ることができた背景には、それまでに蓄積してきた収入原資があったことに加え、規模の経済が強く働いたことがある。

「ユーザーが増えてきた1996年、97年、98年と、ある程度の顧客規模が集まった。大型のルータを入れるとコスト効率はよくなる。競争も生まれていたが、価格を下げる余地があり、必然的に顧客への提供価格は下がっていった」。

「最初はベッコアメ、リムネットなどの独立系が競争ターゲットだったけれど、メーカー系やキャリア系がビジネスを始めた。勝つためには価格も競争力があるものにしていかなきゃいけない。余力があるのでどこも価格を下げていった」。

定額制のダイヤルアクセスをめぐる価格競争は否応なく過熱した。各社の月額使用料が2,000円を割る水準で推移していたところに一石を投じることになったのは、それまで「やむなく価格競争もしているが、新規獲得にお金をかけるぐらいなら、今いる顧客にちゃんと還元をしよう」という、リテンション型の戦略を取っていたasahiネットである。2000年1月の時点で、asahiネットの契約者数は、@niftyとは約25倍、BIGLOBEとの間では約20倍、第3位だったOCNとも約5倍の差[9]があったという。asahiネットには正面から最大手に戦いを挑むほどの体力はなく、基本的には既存顧客の囲い込み戦略を取らざるを得ないところであった。しかし同社の価格戦略は、常時接続を基本とするフレッツISDNの登場をきっかけに変化する。他社が月額使用料金を1,800円程度で出していたところで、月額450円という破格の料金を打ち出したのである。

「これまではプライスリーダというより、品質は一番いいものを作ります。値段でもお客さんに損をさせませんという線でやって来た。450円というのは顧客から見て、常時接続をするならISPと通信の足回りの合計が5,000円を切らないと意味がないのではないか、という発想で作った値段」。

　ここで他社は値下げ追随に逡巡した。それまでは追随者であったasahiネットが図らずもプライスリーダとなり、新規顧客の取り込みにも奏功したという。

「一番安いから入ってみようという動機の顧客がわっと来た。入ってみたら、安いけど割といけるじゃんと、満足度とプレゼンスが上がった」。

2-2.　ブロードバンド時代の幕開け

　ブロードバンド回線とは高速で大容量の通信回線のことを指すが、どれほど速くて大容量のものをブロードバンドと呼ぶかについては明確に定義されたものがない。日本では一般的に、比較的低速のダイヤルアクセスによるインターネット接続をナローバンドと呼び、ADSLに代表されるxDSLやFTTH（Fiber to the Home：光回線接続）、CATVモデムによる接続をブロードバンドインターネット接続と呼んでいる。2000年のADSLサービス登場

が日本での本格的な常時接続ブロードバンド時代の始まりとされている。

　基盤技術の変化は、市場の競争にも変化を与える。ダイヤルアクセスにおける定額制をめぐる月額料金の低価格競争や、サービスメニューの細分化による「事実上の値下げ」が進行した 2000 年は大きな変化が続いた年である。同年 10 月にイー・アクセスが ADSL のホールセール事業を開始、12 月には NTT 東西がフレッツ ADSL の正式サービスを始め、翌 1 月にアッカ・ネットワークスが ADSL のホールセールス事業を開始した。本格的な定額制ブロードバンド時代の幕開けであった。

「インターネットが人々の意識上でインフラだということになったのは 1999 年から 2000 年頃。楽天等のマーケットが開化し、昼間に IX（インターネットエクスチェンジ）[10]を止めると怒られるようになった」という。

3 　ADSL によるブロードバンド競争

　DSL（Digital Subscriber Line）とはメタル（銅線）の電話回線を使用し、電話音声を伝えるのには使わない高い周波数帯を使ってデータ通信を行う技術である。上りと下りの通信速度が非対称である方式を ADSL（Asymmetric Digital Subscriber Line）と呼ぶ。定額制のインターネット接続が次第に定着していく中、1999 年 12 月に NTT 東西が MDF（主配電盤）での相互接続を各社に認めた。このことを契機に、ISP 各社は次々と ADSL 接続をサービスメニューに加えるようになった。結果的にブロードバンド化の爆発的な推進力となったこの接続方式は、NTT 東西による光ファイバーの敷設が進みつつある中で、当初、導入の積極性については ISP 間でばらつきがあった。

「ADSL はソフトバンクと NTT 離脱組の人ががんばった。NTT は、本当は DSL なんかやりたくなかったんだろうけど、イー・アクセスとソフトバンクが派手に始めちゃったから、いやいやながらやるか[11]という感じだった」。

「ADSL はつなぎのサービスで、絶対光には変わると思った。だから、つなぎのところはうまく渡って、できるだけ数を押さえれば次のチャンスもあるだろうと考えていた」。

　NTT 東西が発表した ADSL 接続用の通信回線（フレッツ ADSL）のサー

ビス仕様は、下り速度が 1.5Mbps、上り速度が 512Kbps。月額使用料金は
4,800 円（ISP 側の契約料金は含まず）であった。ユーザーにとっては、NTT
東西への回線使用料と ISP への支払いの合計額がほぼ 6,000 円となる。ダイ
ヤルアクセスとの価格差を見れば、NTT が何を公式に言わなくとも、NTT
は ISDN をはじめとする光ファイバーサービスの普及に腐心しており、
ADSL をやる気がないと思われても致し方ないところであった。
「少なくとも 2000 年当時の ADSL 料金は、人々が思う限界価格を遥かに超
えていて、普及するわけがないと思っていた」と、ISP 各社は口をそろえる。

3-1.　ソフトバンクの ADSL 参入

　ソフトバンクはコンシューマー向け ADSL 参入に先立ち、1999 年に東京
電力およびマイクロソフトと共同で、スピードネットや IP レボリューショ
ンといった事業体を通じて、法人向けの常時接続ブロードバンドサービスに
参入していた。このビジネスは決して順調とは言い切れないものがあったが、
この前哨戦を経て 2001 年 9 月に、ソフトバンクグループのヤフー株式会社
が ADSL 事業「Yahoo!BB」を開始した。
「社内では常時接続ブロードバンドは、やるなら 1,980 円だとずっと言って
いた。値付けの参照相手は新聞や雑誌。新聞の半分ぐらいでないと、顧客は
お金を払ってくれない。国内に参考になる相手はなく、韓国の DSL 事業を
見学に行ったりしていた」。
　Yahoo!BB の通信速度は、下り最大 8Mbps、上り 900Kbps で、料金は月
額 2,280 円[12]であった。ADSL は他社より一日でも早く、月額使用料金を 10
円でも安く、初期の開設費用を無料にするといったことの応酬による、激し
い顧客獲得競争に突入していった。

3-2.　価格競争の進行と収益構造の変化

　Yahoo!BB が発表した月額 2,280 円という金額は、それまでの 6,000 円程度
の価格水準に比べて破格であったため、市場では驚きを以て迎えられたが、

実は ISP 各社の当初の反応は比較的冷静であった。

「Yahoo!BB の値段の出来上がりは、計算上は 200 万人のユーザーがいれば可能だから驚きはなかった。しかし ADSL の顧客数がまだ数十万人の段階で、この値段で最初からいくというのは衝撃的。だが、ISP 的な考え方ではないなと思った」。

「加入顧客から月額料金をもらって、それをうまくマネージしてサービス提供し、利益が出たらそれをインフラの増強と値下げに使い、穏やかに成長していくというわれわれのモデルとは違う」。

「まずどかんとキャッシュを投入して、5 年ぐらいは赤字でもいいというやり方はすごいなと思った。しかし、コンタクトセンターやオペレーションなどの顧客周りはそんなにうまく立ち上がらないだろうから、静観しようと思っていた」。

「Yahoo!BB の参入は、最初はイロモノ的に思って様子見をしていた」。

　ADSL には、アッカ・ネットワークス、イー・アクセスという回線卸売り専業のホールセラーと呼ばれる存在があった。仮にソフトバンクがこのタイミングで 2,280 円という価格を出さなかったとしても、遠からず価格破壊がおこる動きは水面下で進行していた。背景には ISP 間の競争だけでなく、ホールセラー間のシェア競争がある。So-net は、Yahoo!BB とほぼ同時期に、ホールセラーと価格交渉をしながら、2,500 円を切る水準で顧客にサービス提供を開始した。

「ある値段まで下げれば、絶対にユーザーはつくという思いがあった。だからアッカやイー・アクセスにはそういう思いを伝えつつ交渉した」。

と So-net の幹部は言う。

　業界心理的には、真の ADSL 競争の始まりは So-net のこの行動によるものであった。ある ISP の発言が当時の各社の心理的状況をよく表している。

「実は Yahoo!BB ではなく、So-net の価格破壊が他の ISP にとって一番のエポックだった。安値を提示したのが Yahoo!BB だけであれば、「ああ、あんなに安いのは、きっと何か理由があるよね」ということが言えた。あれほど爆発的な競争にいかなかった可能性もあった。しかし So-net が行くと、さすがに他の ISP も値下げ対抗をせざるを得ない」。

「顧客が少しでも安い方に反応するので、10円、100円刻みで毎月のように料金が変わっていたと思う」。

これに対するSo-net側の話がある。

「（モデムの無償配布をやった）ソフトバンクほどではなかったが、2001年から2002年にかけては@nifty、BIGLOBEなど周りから、何を考えているんだと結構責められた。当時NTTコミュニケーションズは、アッカに出資をしていたけれど、それでもOCNの人にはかなり怒られた」。

ADSLの月額使用料金が下がったことにより、ユーザーのネット利用には拍車がかかり、市場は拡大の一途をたどった。このころ、楽天やアマゾンなどのイーコマースビジネスが軌道に乗り始め、ニュースや日記など個人向けのコンテンツも次々に開設され、インターネット市場全体が格段の飛躍を見せていった。

So-netの値下げ行動について、各社が激しく反応したことには理由がある。1つには顧客獲得競争が低価格競争と代理店手数料競争という形となって、際限なく激化したことである。しかし最大の理由は、ADSLの普及が急速に進むことにより、ISPの収益の構造が大きく変わったことにある。

ダイヤルアクセスによるインターネット利用は、足回り接続部分の料金には、NTT東西の電話料金がタリフ[13]で適用される。このため顧客はどのISPを選択しても、電話料金部分は条件に変わりがない。ISP側の競争は、電話回線へのアクセスポイントをより多く持つことの設備投資競争であった。しかしADSL接続は、制度上ISPとの一体契約ができないNTT東西のフレッツADSL[14]を除けば、ISPがイー・アクセスやアッカ・ネットワークス等のホールセラーから回線の卸を受けて（実際には回線借用）、顧客にサービス提供する形になる。この場合は、より多く仕入れれば卸価格が安くなるため、顧客ベースの大きいISPには規模の経済が働きコスト優位となる。逆に顧客ベースがそれほど大きくないISPにとっては、競争がこれまで以上に苦しくなることを意味していた。

「So-netのせいで皆値下げしたけれど、ここで利益は薄くなった。毎月のように100円ずつ下げていたので、コールセンターも値段が覚えられなくなって大変」。

第2章 経営者の認識と事業行動の記述　　49

「1年半ぐらい先の予測顧客数で算出した値段を前出しで持ってきているから、各社とも疲弊したと思う」。

「ISP の淘汰がそこで進んだ。地域でやっている地域 ISP と呼ばれる人たちが厳しかったと思う」。

　ADSL 価格の模倣・追随は、各社の利益を極端に圧迫するまで続けられた。テレビ CM などの広告宣伝や、家電量販店店頭での派手な顧客獲得合戦が繰り広げられたのはこの頃である。大規模なキャンペーン原資を持たないために、競争継続が難しくなった小規模の ISP の撤退や、大手との統合が加速した。当時を述懐しての各社の発言は以下の通りである。

「われわれが興味を持ったのは Yahoo!BB ではなかった。ここで So-net に遅れてしまったことが痛かったと思う」。

「われわれとしては、あの廉価版 So-net と Yahoo!BB に追随せざるを得ず、結局、価格が 2,200 円程度に落ち着いていった。ただ、そのぐらいの価格で ADSL が出たことで、本当の意味でコンシューマー向けインターネットが日本で普及したと思っている」。

「ソフトバンクは Yahoo!BB のモデム無償配布による販促とか、品がいいのも悪いのも含めていろいろあったと思う。大きなキャッシュを用意して設備投資をしてというやり方が、相手としては手強すぎるなというところはあった」。

「Yahoo!BB の参入が業界の大いなる改革であったことは確か。彼らの参入なかりせば、ここまでの低価格化を他社はやらなかった。だが結局それで、薄利構造で生き残れない ISP ができた」。

「Yahoo!BB の派手なモデム無料配布や広告はすごかった。結構な打撃を受けたし、こんなやり方があるんだと思った」。

　ADSL 時代、ISP の市場競争には、通信キャリアの代理戦争のような側面があったと言われている。通信インフラの世界でキャリアが、シェアを取り合っているということは、ISP の側から見ると仕入れ先の選択を迫られるようなものである。ISP は、設備投資をする立場から足回り回線を仕入れる立場になり、競争軸は新規顧客の獲得と既存顧客のサポート、さらにはコンテンツや Web アプリケーションなどの、インフラの上で展開されるいわゆる

上位レイヤ[15]サービス提供へと変化していくこととなった。

「ISP としての競争の前に、まずアクセスラインの事業者の競争があって、それをクリアして初めてお客さまは ISP を選んでいただける。キャリアの陣地の取り合いに ISP もある程度荷担しつつ、競争するということをやり続けてきた」。

3-3.　電話会社と IP 電話セット

　ADSL による顧客獲得を巡って ISP 各社が火花を激しく散らしていた 2001 年、電話回線を提供する通信キャリアにも、一般固定電話の世界に 2 つの大きな変化と競争が起こった。優先接続サービス、通称「マイライン」による固定電話顧客の獲得競争および、IP 電話（Voice Over Internet Protocol: VoIP）の登場である。

　優先接続サービスとは、固定電話の市場競争促進のために郵政省（現総務省）主導で行われた、NTT 東西、NTT コミュニケーションズ、KDDI、日本テレコムなどの電話会社による、固定電話の顧客獲得を巡る闘いである。通信キャリアは文字通り、全精力をあげて全国規模の競争を繰り広げることとなった。この時に登場したのがマイラインとインターネット接続サービスのセット契約、いわゆる「マイラインセット」である。キャリア系ではない ISP は、同等の対抗手段を持ちようがなかった。

「セットで申し込むと安くなるという電話とセットの ISP 契約。このときから固定系のキャリアが最大のライバルというよりは脅威になった。ADSL にしろダイヤルアクセスにしろ、もとは電話そのもののインフラ。だから彼らは電話と抱き合わせという手に打って出られた」。

「ISP 料金と固定電話料金を抱き合わせにされて安く見せられると、もう対抗手段はない」。

「通信キャリアが大事だと思ったのは ISP ビジネスではなくマイライン競争。電話を売るためにインターネットをサービスで付けているという感覚に近かった」。

「今の電話が適正な料金だとすると、ISP 料金をただにしているとしか見え

第 2 章　経営者の認識と事業行動の記述　　51

ないようなサービスだった。電話料金とは関係のない光アクセスが出てこな
かったら、われわれは駄目だったかもしれない」。

「キャリア系は固定電話とセットの価格メニューを出したり、IP 電話が出て
きたり。電話セットは、キャリア系でないところからすると、新規獲得とい
う意味では苦しかった。マイライン競争は早く終わってくれないかなあと。
正直、打つ手がなかった」。

「マイラインは電話会社が疲弊して立ち消えになったので、ひどいことにな
らずに済んだ。けれど、あれがそのままうまくいってしまったら、キャリア
系に席巻された可能性はあった」。

　IP 電話はブロードバンド網を使った音声通信で、これまでの固定電話と
比較して安価であることが謳い文句であった。だが当初の IP 電話は、音声
品質と機能に制約があり、提供地域も全国一律に開設できなかったことから、
市場には混乱があった。ISP が IP 電話を付加価値機能としてセットしよう
とすると、提供条件が複雑になることが、オペレーションコストを押し上げ
る要因となっていた。

「ISP としては IP 電話には振り回された。顧客平均単金を上げるサービスと
いえば聞こえはいいが、電話料金の回収代行をしているようなものだった。
ビジネスとしては何も面白くない」。

　当のキャリア系 ISP にとっても、事情は似たようなものであったかもし
れない。マイラインセットは、表面的には新規契約獲得の謳い文句として有
利に働くことはあれ、不利に働くことはなかった。しかし長期的には本業の
固定電話が疲弊したことで、会社全体としては屋台骨が傷む結果となった。
ただし、以下のようなエピソードはキャリア系 ISP ならではのものである。

「あるとき業界団体などで交流のある ISP の間で、これ以上の度を越した値
下げはもうやめたいものだというような話題になった。それで「セット値下
げではなくポイント付与はいい？」と聞いたら皆が「いいよ」と言った。な
ぜならそのとき誰もポイント制に関心がなかったから」。

　それは電話収入を原資とした事実上の値下げ効果になった。しまったと
思っても他の ISP は後から「やっぱりダメ」とは言えなかったという。

4 │ 資本政策およびグループ会社との関係

インターネットビジネスの創成期、資本市場はそれほど柔軟なものではなかったが、1999 年 11 月の東証マザーズ開設や、2000 年の新 NASDAQ 発足などで、インターネット関連企業の資金調達の方法も徐々に道が開けていった。一方で大手 ISP にとっては、資本市場での資金調達以外に、資本関係があるグループ企業間の関係をどのように保つかということが 1 つの経営問題である。資本関係を持つ親会社がある場合、どのような距離感でつきあっていくかという課題を抱える ISP があった。ADSL から光アクセスへという技術変化の流れと並行して、各社には資本政策にもさまざまな動きが現れ、とどまることのない市場変化への適応努力があった。ここでは資本政策や親会社との関係性の中で、特徴的な動きをした ISP についての記述を行う（順不同）。

4-1. So-net、@nifty、BIGLOBE

トラッキングストックとは、種類株式の一種で、企業全体の業績とは、独立に特定の事業部門や子会社の業績に株価を連動させて利益配当を行う株式を指す。発行企業は、事業部門や子会社への支配力を維持したまま資金調達ができ、事業部門も大きく形態を変える必要がないため、事業部門株などとも呼ばれる。日本では、連結子会社の業績に連動して利益配当を行う種類株式として、2002 年に施行された改正商法により整備された。子会社は親会社に対して、1 株 1 議決権で議決権行使をすることができる。この日本版トラッキングストックを初めて東証一部に上場したのがソニーであり、対象子会社が So-net のソニーコミュニケーションネットワーク（当時）であった。プレスリリースは 2000 年 11 月 20 日、発行は商法改正に先立つ 2001 年 6 月である。公募価格は 3,300 円、初値 2,700 円であったと言われている。
「アメリカでは結構一般的ですけど、日本では最初で最後というトラッキングストック上場をソニー株式会社がした。ソネットエンタテインメントの株

第 2 章　経営者の認識と事業行動の記述　│　53

式ではなくて、ソニーが株式を発行する。その株式は、ソニー株式会社の業績に連動する普通株じゃなくて、ソネットエンタテインメントの業績に連動する特殊株式ということになる。業績連動株式なので上場会社と同じで公開義務が発生するけれども、株式の発行主体はソニー株式会社だから、非公開完全子会社と同じ状況で公開会社にできるという手法だった。集めた資金はSo-netに連動しているから、ここのために完全に使える。「日本でも流行るぞ」といわれて、流行もの好きのソニーがやったというわけ」。

「2001年にソニーショック[16]というのがあって、それからソニーもかなり真剣に集中と選択に取り組んだ。それでネットワーク事業そのものはコアビジネスではないと定義した。ただ、その割には事業が中途半端に大きくなっていて、上場すれば1部に行けるぐらいの規模にはなっていた。それでトラッキングストックをやった。その後2005年に株式の発行替えをやって、ソニーの特殊株を全部償還して、So-netの普通株を発行し完全独立法人になった」。

　1999年という年はADSL競争のほかに、富士通とニフティにとってはISP事業の経営形態が大きく変わった年でもある。日商岩井との合弁関係を解消して富士通100％の子会社化として@niftyと改称、さらに富士通本体のISP事業であるInfoWebを統合した。

　この時の合弁解消の理由をある当事者は、

「主力サービスの競争軸はやっぱりインターネット。そこで頑張ろうと富士通100％にして、日商岩井の影響を外した」

と語っている。So-netの親会社からの独立の動きとは逆に、@niftyはインターネット事業に集中するために富士通の100％子会社とした。このことで、@niftyは親会社からの干渉と制約をより強く受けることになった。

「日商岩井との合弁解消に伴う買収ということになって、ずいぶん金を使ったと親会社から思われていた。100％子会社というのは親会社の一部だということだが、こんなに金を使った上にさらに何を投資するんだと言う。何か新しいことをしようと思っても、それは本当に得するのかどうかと言われる。@niftyはコンシューマー・サービスだから、親とはだいぶカルチャーやマーケットが違うので、独立して上場してしまえばよかったのかもしれない。でも結局本体からの独立はできなかった」。

2006 年 12 月、@nifty は新株発行により東証に上場する。しかし株式の 3 分の 2 は富士通が保有するという形であり、親会社との力関係にそれほどの変化は起こらなかった。

「実は悔しい話がある。本来経営陣は自分たちの考えで企業活動をやっていけばいいのだけれど、現実には親会社の顔色を窺いながら思い切ったことは何もできなかった。親の側にもケイパビリティがないから、いろいろなことができるわけでもないし株価も上がらない。そうこうしているうちにある種のスキャンダルが起こったり、メンツの問題があったりして身動きが取れなくなってしまった」[17]。

　BIGLOBE は、2006 年 7 月に NEC（日本電気株式会社）の事業部門が分離・独立し、NEC ビッグローブ株式会社となった ISP である。当時の出資比率は、78％が NEC であるほか、住友商事 7％、大和証券グループ本社 5％、三井住友銀行 5％、電通 5％、博報堂 5％という構成で[18]、非公開会社であった。独立会社になってからは、NEC グループ以外の企業からも出資を受けるがいざというときにはいつでも NEC 本体に戻せるポジションをとっていたという。このポジションをとるということは、BIGLOBE もまた意思決定には親会社からの影響を強く受けることを意味している。ただし BIGLOBE が @nifty と異なるのは、「ウチは親会社がいろいろ足をひっぱるから、他企業の出資や買収などが決断できなかった」と言いつつも、一方で、親会社の経営資源を利用した連携を模索するということをしていた点である。BIGLOBE と親会社の間には、NEC 本体のネットワーク事業、特にデバイスとネットワークインテグレーションがインターネットビジネスに関わるコア・コンピタンスであり、有用な経営資源であるという共通の考え方があった。Yahoo!BB が、ADSL に参入した際に低価格を謳うと同時に、ADSL モデムを無料で配ることで顧客を掴んでいったことに対する、彼らなりの観察がある。

「接続会員からの収入と広告収入の他に、第三の収益の柱を立てていく必要があると思った。われわれはあくまでもソフトサービスだが、ユーザーのふるまいをコントロールできるのはハード。NEC 自身にそういう部隊がいるわけだから、ハードとの連携をしないといけないと思った」。

「Yahoo!BB は、実に戦略的。単なる ADSL サービスではなく、ADSL モデムというハードでもユーザーを囲い込んだというのが実に立派」。

　しかし実際には、自社製品を売りたい親会社と、端末とは、アンバンドルでサービス提供をする ISP の事業特性との間には相克がある。
「親会社は自分たちにとって経営資源。でも矛盾があってなかなか難しかった。NEC のハードウェア部隊にしてみれば、BIGLOBE とだけやっていればいいということではない。BIGLOBE とだけ組んで BIGLOBE 特有スペックのデバイスなんて絶対作るわけがないし、こちら側も組む相手は NEC グループだけである必要は全然ないんですよね」。

　BIGLOBE の場合は、親会社との関係性をアライアンスという軸で捉えようとしたことは、他の ISP とも場合によっては協調的なアライアンスを組むという姿勢につながっていった。当初の発想は、ソフトバンク対抗軸の形成という意味あいが強い。広告事業やコンテンツ提供の面で BIGLOBE と協力関係を築ける ISP が何社かあり、それが親会社のハードウェア部門を巻き込むことに一役買うことになるという読みであった。
「ネット広告のシェアがトップのソフトバンクとわれわれとの間には、少なくともシェアで 30 倍、利益では 100 倍の開きがあると言われている。これでは競争といったところで、まるで横綱と序の口以下。とても 1 社では太刀打ちできない[19]。Yahoo!Japan 対抗について思いを共通化している何社かが、メディアレップ（ネット広告の販売代理店）を共通にして広告の共同露出を行い、収入をまかないたいと考え、1 つのグループを形成している」。
「ソフトバンクがいなかったら間違っても他の ISP と戦略提携なんてしない。提携したところでコンテンツや広告は弱者連合。意味がないとは言いたくないけれど、やらないよりはいい。その一方で、NEC のハード側を巻き込むためには、他の ISP を連れてくることができるかという話になる。だから戦略アライアンスというのは重要。強固なタイアップを図り、新しい土俵づくりをやっていく戦略をとった」。

　親会社との関係について経営干渉問題がないとは言えないとしつつも、他社との競争状況の中で、BIGLOBE の考えには常に揺らぎがあることを示す言葉がある。

「NEC のメーカーとしての力を使えることは、やっぱり経営資源だと思う。NEC グループから本当は独立したいんだけど、経営資源としていかに有効に使うかと思うと、独立しない方がいいのかなあと思ったりもする」。

4-2.　ソフトバンクと ODN

　ソフトバンクグループは、非常にめまぐるしく資本関係を変化させる。グループ企業数も多く、事業内容も多岐にわたるが、ここでは ISP 事業に関連する主要な事項に絞って記述する。

　ブロードバンド競争が激化した 2000 年代のソフトバンクの通信事業は、主に 3 つの中核会社による。Yahoo!BB を主業務とするブロードバンドインフラ事業の「BB テクノロジー株式会社」[20]、2005 年に ODN と JENS SpinNet（前身は AT&T ワールドネット）を保有していた日本テレコムを買収し 2006 年に改称した「ソフトバンクテレコム株式会社」、日本テレコム系の携帯電話事業 J-フォンとそれを 2001 年に買収したボーダフォンを母体とし 2006 年に改称した「ソフトバンクモバイル株式会社」である。メーカー系とは異なり、同グループでは多少の人的交流はあるにせよ、現場の意識も業務もそれぞれ完全に独立している。

「会社はそれぞれで、ソフトバンク BB はソフトバンク BB として Yahoo!BB サービスを提供し、テレコムはソフトバンクテレコムとして ODN サービスを提供するというかたち。カニバリゼーションも大してない」。

「ODN は規模もそんなに大きいわけではないので、Yahoo!BB からすると、ODN なんて眼中にないという感じなのかもしれない。合併しても価値が見いだせないから合併なんていうことはしないんじゃないかな」。

　一般的に ISP が他の ISP を買収したり統合したりする場合には、それによって契約顧客のベースを拡大して規模の経済を働かせたいという動機や、同じグループ企業内でのカニバリゼーションや二重投資を避けるという意味がある。しかし、ソフトバンクグループの場合は、ODN 買収は別のところに理由があった。

「ODN を買ったというより、日本テレコムを買った。ODN はくっついてき

ただけということ。社長は固定通信事業が欲しかったんでしょう。ブロードバンド回線の会社があって、固定事業をやっているテレコムがあって、モバイル。要は、この3つをやりたかったからではないですかね。ODN はおまけ。そこが欲しかったんじゃないと思う」。

「競争相手は NTT。しかも NTT コミュニケーションズではなくて東西会社。ISP の顧客獲得競争で数が必要だったら買えっていうことではなかったと思う。だから、すぐに「おとくライン」(21)という格安の固定サービスを始めた」。

　買収された側の ODN も同様に答えている。

「すべての通信インフラをソフトバンクとして持つというのがまず基本方針にあり、携帯でボーダフォンを買ったように、日本テレコムの固定事業が欲しかった。それに当時のソフトバンク BB は法人営業がなかったから、テレコムの法人の営業力と法人ユーザーが欲しかったということ。ADSL も単純にとっかかりだけ」。

　コンテンツ事業の Yahoo!Japan に対しても同様に、資本関係のない他事業者を見る意識と変わりがない。

「Yahoo!Japan は全く別。100 パーセント子会社でもないので本当に別。例えば BIGLOBE とか @nifty だとコンテンツもやるし、ISP の接続サービスもやるという、そこは一体で見ているようなところがあるけれども、ソフトバンクグループの中でそういう考え方というのはなかった」。

「ポータル事業って、結局どうなんでしょうね。見ていて大変だろうなと思う部分はなんとなくある。@nifty の売上などを見ていてもああ、こんなだと意味ないなと思った」。

　まるでおまけだと言われながらソフトバンクグループ傘下に入ることとなった ODN は、ここで決定的な後退を迎えることになる。関係者は以下のように発言している。

「合併後は技術革新的なことができなくなってしまった部分がある。グループとしてどこにお金をかけるのだということがいろいろあって、設備投資をしなくなった時期があり、ODN は他社から遅れて今一歩後ろを行っている感じ」。

「他社がいろんなコンテンツとか、ブログサービスなどをどんどん出して一

気に市場が変わった時期がある。その頃ちょうど合併だったので、このあとに停滞した。回線はずっと一緒にトップを走ってきたと思うけれども、Yahoo!Japan もあったので、ODN はコンテンツはやりたくてもできなかった」。

「合併前、2002 年頃からディズニーのプーさんをキャラクターに使ったメーラーを CD-ROM で出していた。ODN イコール、プーさんメール[22] みたいな感じでディズニー層のユーザーをたくさん獲得した。それを合併した頃にやめたら、プーさんメールをやめたイコール ODN は撤退したみたいな話になってユーザー数が激減した。本当はまだ ODN は生きていますよと言いたいけれど」。

4-3.　キャリア系の OCN と DION

　OCN は NTT コミュニケーションズ（以下 NTT コム）の事業部門の1つである。NTT コムは NTT 持株会社傘下の事業会社であるため、自身が資本市場で資金調達をすることもなければその必要もない。しかし他の ISP 同様に、会社間の資本関係から事業執行上の影響を受けることがある。例えば ADSL は、グループ企業である NTT 東西がフレッツ ADSL というサービスを提供していること、また、設立当初のアッカ・ネットワークスには NTT コムが筆頭株主として出資を行い、役員派遣もしていたことから[23]、ADSL サービスの回線取り扱いはこの2社に限られ、イー・アクセスとの関係性は薄かった。ただし NTT 東西もアッカ・ネットワークスも、卸先である OCN とのつき合い方は他の ISP と同等のイコール・フッティングであった。このため OCN は NTT グループ傘下であることで特段のアドバンテージを得ることはなかったが、特にビジネス上の表立った制約となることもなく順調に顧客数を伸ばしていった。その他 NTT 全体のグループ企業経営の効率化の観点から、2002 年に NTT PC コミュニケーションズが運営する InfoSphere からコンシューマー向けの ISP 事業を譲り受けたことや、続く 2003 年に NTT データと NTT ドコモが保有していたドリームネットを統合したことが、OCN の顧客ベースの拡大に寄与している。OCN は当初、

第 2 章　経営者の認識と事業行動の記述　｜　59

NTT 東日本傘下の ISP であるぷららネットワークスとは市場を争う間柄であり[24]、新規顧客の獲得は NTT 東西の営業力に大きく依存するというよりは、大手家電量販店への販売業務委託に積極的な ISP であった。その傍らで InfoSphere のほか、NTT グループの中で単独では経営が立ち行きにくくなった中小の ISP を統合・買収し、顧客ベースを着々と拡大していくことに努めていた。

　DION は、1997 年に DDI（第二電電株式会社）によって開始されたキャリア系 ISP である。DION は、2000 年に DDI を存続会社として、DDI、KDD（国際電信電話株式会社）および IDO（日本移動通信株式会社）とが合併してできた、KDDI 株式会社によって運営されてきたが、2007 年にはサービス名称を「au one net」に変更し、携帯電話事業との統合サービスとなった。以下は、競合するプレーヤーから DION を見たときのコメントである。

「DION、DION と言ったけれど、数的にはもう全く減少の一途。DION と言う名前を捨てて au one net になってからは、力の入れ加減が以前と全然違う。携帯電話の au が中心になっており、携帯とセットで入ったら安いですよという売り方をしている。だから DION がアドバンテージを持っているサービスは、今はほとんどない」。

「プロバイダとして見ると、もうほとんど DION は存在感がなくなっている。競争相手が業界退出せずに操業を続けていても、どこの会社を見るのかは時間が経過すると変わる。昔は KDDI を見ていたが、今は全然見ていない」。

「KDDI の役員の方に、セキュリティーやいろいろな問題があるので、インターネットのガバナンスをきちんと業界で取り組まないといけないですと話したけれど、開口一番おっしゃったのは、「うちは ISP やっていないんですよ」と。そういうビジネスユニットがありませんと言われた。もう DION という単位では事業を見ないということ。だから、事業がおかしくなったときに言う主体がない」。

　KDDI は、東京電力が通信事業に参入・撤退という軌跡を描いてきた際に深い関係性を持ってきた通信キャリアでもある。同社の存在は、光ファイバー網をめぐる KDDI・東京電力対 NTT 東日本という競争の性格を帯びており、そこには電力事業者の通信事業「TEPCO ひかり」と、通信キャリアの「NTT

東日本フレッツ光」の顧客獲得競争を見ることもできる。結果的には2007年の東京電力の通信事業撤退を受けて、東京電力系の子会社であるパワードコムはKDDIに合併され、東京電力の直営事業「TEPCOひかり」もKDDIの「ひかりone」に統合された。2009年9月には旧「TEPCOひかり」サービスは完全に終了し、東日本地域における固定系光アクセスサービスは、ケーブルテレビによるインターネット接続を除けば、大きくはKDDIの「ひかりone」対「フレッツ光」の二極の構図となった。ISP各社は、光アクセスによるインターネットは、「フレッツ光」、「ひかりone」の一方あるいは両方をかついでサービス提供を行う形となるが、現実には東日本地域における光アクセスシェアは圧倒的にNTT東日本に軍配が上がった形となった[25][26]。なお、この動きの陰で2003年1月に、かつて三菱電機系のISPであったDTIが、パワードコムに買収され、さらに2007年9月には東京電力の通信事業縮小に伴い、元のDTI創業者であるD氏率いるフリービットにTOBにより買い戻されるという動きがあったことを付言しておく。

　DIONあるいはKDDIの軌跡は、ISPがADSLホールセラーから回線の卸を受けて顧客フロントでサービスを行ったころよりも、光アクセスの競争には通信キャリアの影響が強く出ることを象徴している。インフラ事業者としての通信キャリアとの関係性、固定PCをあまり使わないモバイル端末ユーザーへの対応、自社と親会社のコンピタンスをいかに活用するかなどといった複数の局面を見据え、ISP各社は事業運営のあり方を複雑に模索する時代に入っていった。DIONの動きについて、他社は以下のようなコメントをしている。

「DIONが単独の会社であれば、存在感を失ったISPとして明らかに失敗。ただ、KDDI全体という風に考えると、もしかしたら成功なのかもしれない。KDDIはauと通信回線事業とISP事業を持っている。彼らが持っていないのはただひとつ検索ポータルだけ」。

「4つのレイヤ（通信キャリア、モバイル、ISP、コンテンツ）の事業の中の最強の3つを持って、勝負をかけていく時の体重のかけかたの問題。携帯を最終的に人にくっつく装置として考え、携帯を中心にして今負けているところを取り返す。ISPを中抜きにして一気にオセロゲームみたいに巻き返すため

に携帯に力を入れていると考えたら、それはそれで成功なのかもしれない」。
業界内で「キャリア系 ISP」と並び称された OCN、ODN、DION の 3 つの
ISP であるが、競争の軌跡は三者三様となった。

5 | 光アクセスによる競争時代

5-1. ADSL から光接続への移行期

　2001 年 8 月に NTT 東西が、「B フレッツ」という名称で光アクセスサー
ビスを始めて以来、インターネットの接続方式の主流は、ADSL から光アク
セスへと徐々に移っていった。本格的に移行が加速していったのは、2005
年ごろからだと考えられる。しかし光アクセスの登場は当初、ユーザーにとっ
てダイヤルアクセスが定額常時接続に変わったときのインパクトほどのもの
はないと言われていた。
「ADSL から光というのは通信速度が速くなるという量的変化であって、光
ならではのキラーアプリケーションが出てこない限り、質的変化はない」。
「ADSL の時代というのは、キャリアの代理戦争みたいな形になっていた。
けれど、光はケイ・オプティコムなどの電力系が一方にはいるけれども、ほ
ぼ NTT フレッツ光の一人勝ちなので、感覚的には落ち着いてきたかなと思
う」。
　ADSL のスタート時と同様、フレッツ光も当初の月額使用料は高く、メー
ルのやり取りや通常の Web ページの閲覧程度であれば ADSL で十分だと
ユーザーには思われて、光アクセスへの乗り換えはさほど急激には起こらな
かった。しかし乗り換えキャンペーンや、加入当初の数ヵ月間 ISP 側の月
額使用料を無料にするといったプロモーション競争が繰り返し展開され、
ユーザーが NTT などの通信キャリアと ISP に支払う総価格は徐々に下がっ
ていった。
「光 2004 年度の終わりごろ、10 メガで 8,000 円とか 9,000 円とか。だいぶ高
かったから、開始から 3 年かかってまだ 100 万契約も売れていなかったと思
う」。

「Bフレッツが始まって半年ぐらいの2001年12月までは、無料で光をやっていた。お客さんにはBフレッツの料金だけはNTTに払ってもらうけれども、基本サービスでうちを使ってくれていれば、ISP部分の付加料金が全然要りませんと。もちろん、それは競争としてのキャンペーンですけれどね」。

5-2.　withフレッツの登場と仲間性の認識

　ISDNやADSLにおけるNTT東西の回線利用時と同様、光アクセスもNTTのフレッツ回線（フレッツ光）を利用するユーザーは、ISPとの契約とは別にNTT東西との間で利用契約を締結する必要があった。申し込みも別々に行い、利用料金もそれぞれの請求書で別に支払うことになる。これはユーザーにとっては不便でもあり、ISPサイドも制度に詳しくないユーザーには説明がしにくい問題であった。また開通処理や、問い合わせ対応などのオペレーションが煩雑になるというデメリットがある。そのようなところへ、ユーザーに開通処理をワンストップで提供する方式をNTT東日本に提案するISPが何社か現れた。これは当時、光ファイバー網を巡って電力会社とのシェア争いを演じていたNTT東西会社との利害関係が一致することとなり、「withフレッツ」という名称で呼ばれることになる。

「フレッツ光を始めるのに、ユーザーは1ヵ所で申し込めばNTTやらISPやらあっちこっちに言わなくていいというワンストップメニューを、NTT東との間で作った。以前ソフトバンクがADSLで価格破壊をやったときに、みんなが右往左往して大騒ぎになった。そこへきて今度はソフトバンクが光をやると言ったものだから、また何をやるかわからないぞ、これは大変だと思った。NTTも同じ危機感を持っていた。うちは当時一応トップクラスのISPだったので、機先を制してワンストップにしましょうよとNTT東日本に持ちかけた」。

「NTT東のBフレッツにはTEPCOひかりというライバルがあった。Bフレッツは5,600円。これは高い。そこに1,800円ぐらいのISPが別に乗っていた。一方TEPCOはISPと分かれておらず、一体で6,600円ぐらい。販売訴求上もフレッツは分かりにくいし高い。それでお互いにフレッツのほうを下げろ、

ISPを下げろとなる。NTTとしては制度としてもプライドとしても、ISP契約はお客さんが勝手にどこかでやっておいてください。それがいくらかは知りませんよという売り方をしていたが、フレッツだけでは使えない。それじゃあ売れないだろうと言った」。

「NTTはいろいろなISPからフレッツもホールセールのようなやり方で売れないか、何とかならないかという話をされていた。皆でTEPCOやイー・アクセスと同じことをやってくれと言っていたんですけども、それはNTTとしては譲れない、卸は駄目だと。あくまでもNTTのお客さんは、NTTのお客さんとして維持したいということで、ずっと硬直していた」。

「NTTとの間では光回線の取引をホールセール型にしてもらえないから、しょうがないから形だけでいいと。お客から見たときにワンストップ型に見えるようにすればいいからやりましょうよと言った」。

「やろうという話にはなったが、当然NTTは特定のISPとだけやるわけにはいかない。だから他のISPともやるよと言われ、それはいいよとは言った」。

「光も同じ電話の競争。ケーブルテレビがインターネットを始めて、どこもワンストップ、ワン事業者・ワンサービスを始めた。われわれからもお願いはしたが、NTT東西も対抗上ユーザーから1つの顔が見えるサービスが必要だろうということで提供していただけたなと思う」。

「withフレッツは2004年に開始した。NTT側の担当は、相互接続担当ではなくて利用部門の方。あれは営業的な連携で、一緒に販売連携できるところと手を組んでやろうよという話。営業戦略という観点で昔から一緒にフレッツを売っているISPで、お互いに組むと売れるよねといったところとやっていった結果だと思う」。

「withフレッツというのは実は売り方の問題。ISPはISP、フレッツはフレッツだけど、もう一緒に売ればいいじゃないかと。値段も、足した値段を訴求する。フレッツはいくらですがISPはわかりませんではなくて、ちゃんとISPと込みでいくらですと言えるようにすればいいだけでしょうと」。

当初それぞれの経営者は、withフレッツは制度の問題ではなく売り方の問題だと考えていたようだが、この方式は各社のバックヤードのオペレーションや、カスタマーサポートの体制にも影響を与えた。そのことがwith

フレッツを提供する ISP とそうでない ISP の間に差異を生み出していくこととなる。

「with フレッツを売るためには、お互いのコールセンターでもちゃんと意識を合わせておかないといけないし、受けたオーダーをちゃんと連携して、お互い齟齬がないようにしなければいけないので、データ連携の話が出てくる。申込書がワンライティングで、料金請求は NTT の請求書が ISP に行く。ユーザーへの請求は ISP から行くという形になったので、お客さまからすると、TEPCO ひかりと同じように、B フレッツくださいと言えば ISP も含めて買えるという状態が作れた。そのタイミングで NTT も ISP も値段を下げて合計で 6,400 円ぐらいになり、ちょっと TEPCO より安くなった。」

「あの頃ソフトバンクに光アクセスはない。ソフトバンクは、次はモバイルかな、光かなといいながらも ADSL が割と順調で、契約数が 400 万に乗って一息ついていた。with フレッツをやる直前に、ソフトバンクが光をやるという噂が流れた。結局出たわけじゃないけれども、影の脅威としてはそれがいくらで来るんだというのがあった」。

　意外なことに、NTT 東西とはグループ会社であり関係性が近いはずの OCN は with フレッツの開始が遅い。開始の日付を追ってみると @nifty → BIGLOBE → So-net → ぷらら → OCN の順で、最大手の中では OCN は最後である。

「自分たちの ISP 契約を NTT 東西が売ってくれると思った人たち（@nifty, BIGLOBE など）は with フレッツに熱心だった。けれども、うちはすでに NTT 東西には代理店手数料をガンガン払っていて、これ以上払いたくなかった。これ以上はペイしないのでやりたくなかったが、販売の現場から「顧客が OCN から他社へ乗り換える理由が "光への乗り換え" なので、やってくれないともたない」と言われて踏み切ることにした」。

単純にグループ企業同士であるというだけで、事業の意思は決まらないということの 1 つの証左である。

　多くの ISP から強くライバル視されたソフトバンク側のコメントを記述しておく。

「ずっと前から、電柱の上に光ファイバーを張ってでも自前でネットワーク

をやろうかという話はあった。僕らはもう本当にインターネット生まれのインターネット育ちなので、ネットワークはイーサネットでいいじゃないとは思っていた。だが本筋論で言うと、やっぱり通信は光ファイバー。やりたかったのは FTTH だったけれど、NTT とは方式の考え方が違っていた」。

「光の接続を 1 回やってやめているのは採算性の問題。もちろん NTT の回線を使ってやるというところまで考えたし、本当に光を自前で張ったらいくらかという計算なんてもう、それこそスピードネットの時期ぐらいから何十回、何百回、ずっとしている。それはもう、ものすごい金額だった」。

「自前の Yahoo!BB 光サービスというのを立ち上げてやったけれど、採算が合わない。われわれの事業としては成り立たないねっていうので、2008 年か 2009 年で撤退した」。

「サービス業としてのライバルはやはりキャリアで、メーカー系ではない。NTT はまだ、携帯は携帯の会社だし、固定は固定だし、ソフトウエアサービスっていうのはソフトウェアサービスで、ばらばら。うちはいま、これを一体でできる。この強みを生かしてクラウドサービスっていうのを展開していこうと」。

　この時すでにソフトバンクグループの傘下に入っていた ODN にとっては、Yahoo!BB の動きが追い討ちとなる。ダイヤルアクセスや ADSL の時代には有効な資源であった電話事業が with フレッツ参加への制約になったことに加え、現在の戦いに必要な自社の光通信設備という資源を保有していない通信キャリアの傘下に入っていたことが、ODN を競争の土俵から完全にはじき出すこととなった。

「今は取次ぎだけはできるようになったけれども、ODN にとっては with フレッツができず、with フレッツとしての競争ができなかったことが痛かった」。

「結局 with フレッツをやることは断念した。あそこで with フレッツができなかったのは、ものすごく大きな転機。KDDI もあのときものすごくユーザー数が下がって、すごく大変だと言っていた。けれども with フレッツをやった ISP は何年かで確実にユーザー数が上がりましたね」。

「あれは価格競争の一端だった。本当は自分たちも同じ値段まで下げている

のだけれども、一体型で金額を書けないからそうは見えない。そこはきつかった」。

　with フレッツは、それまで顧客獲得を巡って正面から競っていた ISP の間に、広告やコンテンツ協力の時と同様に、競争は競争としつつも、微妙な仲間意識と関係性をもたらすことになった。

「with フレッツがスタートすることになったが、システムの仕組みだとかお互いの業務のデータのやり取りだとか、裏側が大変。開通の問い合わせもプロバイダが受けて答えなきゃいけないということになると、NTT 側がいつ開通するかわからないと困る。それで後ろ側の仕組みは結構がっちり作りこんだ。そういうことは全部のプロバイダなんかととってもやれないから、まあ最終的には 10 社までは行ったか行かないかでしょう」。

「始まったらもう案の定、システム上のトラブルとかデータの行き違いだとかボロボロ出てしまった。そういう共通の仕組みは一社ずつ話をして整合性をとったり、要求したりするのはおかしい。だから 1 つの会議体を作ろうよと ISP 側から言い出し、それいいじゃねぇかと。名前は OSM（One Stop Menu）ワンストップコンソーシアム」。

「最初の頃はいろいろなトラブルが結構あるものだから、割と頻繁にミーティングが開かれて、ISP みんなで NTT をいじめるみたいな。そこからですかね、みんながよく顔を合わせるようになった。@nifty がいつも先頭を走っているという感じ。パイを取り合いながらもそうやって、何て言うんですかねぇ、完全な敵じゃない。完全な敵とそうでない敵というのがあって、年長者だということもあるせいで自分は長老扱いされていた」。

　どの ISP を「競争はしつつも仲間」と認識するかは、社によって多少のずれがあるが、おおむね @nifty、So-net、OCN、BIGLOBE の 4 社の名前は共通している。この他にぷらら、asahi ネットの名前が挙がることもあったが、ぷららについてはライバルとして非常に厳しい見かたをされるケースもあり、客観的に言って唯一のグループの線引きをすることは難しい。

5-3.　光フレッツの値上げ

　ISP 業界はサービス開始以来、絶えざる低価格競争をし続けてきたと言って過言ではない。しかし先行行動を好む @nifty は他社に先んじて動きを起こす。2007 年 5 月に @nifty が、マンションなどの集合住宅用の接続サービス「光フレッツマンションタイプ」について異例の値上げを行った。これに So-net と OCN、少し間をおいて BIGLOBE が追随をする。

「最初は NTT からの光回線 100 メガを一棟に入れて、それを何件かでシェアしていたのが、G-PON 方式⁽²⁷⁾になった。あるときコストをいろいろ計算してみると、戸建のモデルは採算がとれるがマンションタイプの B フレッツはどう見ても逆ザヤであると気づいた。そうすると、赤字を垂れ流していることになってしまう。これはきっと、他の ISP もそうだなと思った。われわれにとっては死活問題」。

「まず NTT 東日本に話をしに行ったのだけれど、なかなか状況が難しい。それじゃあもうプロバイダ側が値上げするかと思い、総務省に行って背景を話したら、「わかったけど今までずっとプロバイダは値上げなんかしたことないでしょう」と言う。けれどもこれからもマンションは増えて行くわけで、とてもじゃないけどこのままでは値上げしないわけにはいかないと言った。総務省も結構冷たくて、じゃあまあリスクとっておやりになったらみたいな感じ。そのかわりお客さんへの告知はちゃんとやりなさいよ、他へ乗り換える選択の時間も与えなさいよと言われた」。

「マンションタイプのお客さん一人ひとりに全部正直に手紙を出した。2 年ぐらいかかって値上げをやりました。値段を下げるときも上げるときも、いつも @nifty が先頭というわけ。先頭切ってやるのはもう本当に辛かったけど、10 社ぐらいは後からついてきてくれよ〜、みたいな気分だった」。

　このようなコメントからは、明確な約束事がないながらも、ある当事者間には、そこはかとない共通認識があることがうかがわれる。@nifty が期待したとおり、大手数社は間をおかず、追随して月額使用料金の値上げを行った。だが、それまで @nifty の後追い戦略を取っていた BIGLOBE はこのときはすぐには呼応せず、半年ほどの様子見をした。

「うちは比較的遅く 12 月に値上げした。値上げすると普通は必ずお客さんが減るものだが、実質何の影響もなかった。100 円値上がりして 5,000 円が 5,100 円になったからといって、やめるかというとそうでもなかった」。

　結果として様子見をした ISP よりも、最初に値上げした ISP ほど強い風当たりを受けることとなったという。このことを、追随者であったある ISP の幹部は以下のように評した。

「@nifty に対して誰も声に出して値上げをやれとは言わなかった。だが、結局言いだしっぺの @nifty が責任上最初に値上げをし、結果的にはその判断が @nifty 凋落の引き金になったのではないかと思う。今の @nifty に昔の勢いはない」。

ただし、@nifty サイドには必ずしもそのような認識はなく、この点では経営者によって状況の認識には違いが見られる。

　コスト構造が同様の状況にありながらも、値上げには追随しなかった ISP もある。ぷらら、asahi ネットなどである。ぷららは 2010 年 1 月に価格改定を行っているが、他社の動きから約 3 年の開きがあるため、同調的行動をとったとは考えにくい。同社の意図とはうらはらに、プライスリーダ的に低価格のイメージが植えつけられていた asahi ネットが価格改定を行わなかった理由は、それまでの競争で余力を失い、顧客離れのリスクがある思い切った行動はできないと判断した可能性がある。

「うちのやり方が好きな人だけ入ってくれればいいと思っていたわけじゃないが、もともとは通な人しか知らないブランドで、ユーザーサポートについても「問い合わせの電話なんかかけたらコストが上がるから、そんなやつは出ていけ」と、ユーザーがユーザーに対して言うような感じの ISP だった。しかし、NTT のチャネルで売ったり、with フレッツで @nifty、BIGLOBE、So-net と並んで出ていたりすると、大手と同じようなことはしてくれるだろうと思われる。インターネットがコモディティーになって、社会インフラなのだからこのぐらいのことはしてくれるよねという人の方が増えてきた。これまで小さい所帯で効率化しながら少数精鋭を強みにしてやっていた asahi ネットは、背伸びしながら大所帯の人たちに合わせなければいけなくなってしまった」。

第 2 章　経営者の認識と事業行動の記述

6 業界の地殻変動は続く

　日本における商用インターネットが始まってからの約20年間は、順調に市場が拡大してきたように見える。よく見ればこの業界の歴史とは、異なる資源を有するISPによる顧客獲得競争の歴史である。ダイヤルアクセスからADSLそして光アクセスへと技術環境が変化したことは、市場競争に大きな影響を与えた。競争優位性の獲得のために必要となる資源やケイパビリティも、それにつれて変化せざるを得なかったからである。基盤となる接続技術の変化が収益構造の変化をもたらし、その対応に悩むISPや意図的に方針転換をしていったISPなどがあり、結果として生き残ったISPも、他社との関係性の中でさまざまな戦略的行動をたどってきた末に今日がある。戦略的行動をとるのに必要な資源がない、あるいは資源の調達に失敗するプレーヤーが、競争からの退出を余儀なくされることは想像にかたくない。しかし、事例は最初にある資源を有していればその後のパフォーマンスは一意に決定されるというほど単純なものではないことをも示している。

　保有資源と経営成果との間には、企業による意思決定と行動というプロセスがある。経営者は業界内のプレーヤーがどのような位置取りをしているかや、どのような戦略的行動をとっているかを常に観察しており、そのことが経営者のコグニションを形成する基盤となって意思決定に影響している。似たような資源を保有していながら行動が企業によって異なることがあるのは、経営者のコグニションの違いによる可能性がある。戦略は経営者のコグニションと意思決定、そして、実際に実行されて初めて実体を伴うのである。

　現在、国内の固定系インターネットの普及は、ほぼ一巡した格好で、契約はほぼ頭打ちである。一方モバイルインターネットの世界では、携帯電話以外にもタブレット型PC、スマートフォンなどの新たな端末が登場し、Wi-fiやLTEなどの新たな高速無線技術の普及が進んだ。インターネットの利用形態は固定パソコン中心であった当初の姿から大きく変貌している。

　モバイル端末には購入時にインターネットへの接続機能と契約が最初から組み込まれている場合もあり、ユーザーはどのISPと契約をするかを必ず

しも意識する必要がなくなっている。また接続品質面でのサービスは均質化し、そこでの顕著な差異化は困難である。一方で、新技術への投資やビジネス開発人材に関する課題が顕在化し、各社とも業界を大きく俯瞰した位置取りや新たな資源戦略が必要となっている。ISP は存在意義と生き残りをかけて、かつての ISP 名を連呼する形のプロモーションとは異なる、新たな戦略と行動転換が求められる時代に突入している。

　インターネットサービスを支える通信インフラの世界でも、地殻変動が続いている。まず 2015 年 2 月に、NTT 東西が「光コラボレーションモデル」を提供開始した。「光コラボレーションモデル」とは、with フレッツの開始前にキャリア系以外の ISP が切望していた、NTT 東西による光回線の卸売である。これに続き 2016 年 12 月に KDDI も、ケーブルテレビ事業者に対し大都市圏で光インターネットサービスの卸提供を開始している。このような流れの中で、メタルケーブルによるインターネット接続サービスは縮退のフェーズに入った。2016 年 7 月には NTT 東西がフレッツ ADSL の新規受付を事実上停止することを発表し[28]、最大手の ISP である OCN は旧アッカ・ネットワークス社（現ソフトバンク）が提供していた接続回線の提供終了に伴い、2017 年 3 月 31 日をもって一部の ADSL 接続サービスを廃止した[29]。

　通信キャリアから回線の卸売を受ければ、企業は自前で光ファイバーによる通信回線を敷設しなくても、自社の本業との組み合わせで新たなサービス提供をすることができ、新たな価値の訴求ができるようになる。たとえば CATV 事業者であれば、高速大容量の「ネットサービス」、「電話サービス」、「放送サービス」の 3 サービス、いわばトリプルプレイを提供することができるといった具合である。単独の ISP 事業についてはすでに勝負がついたという意見もあり、ユーザーが使用する端末や利用形態が大きく変化している中で、インターネット接続事業単体はもはや収益性の高い事業とは言えなくなっている。あるメーカー系 ISP の幹部は、
「昔、あれだけお願いしてやってくれなかった光接続の卸が始まったところで、もう競争の土俵はすっかり変化してしまった。キャリア系 ISP だのメーカー系 ISP だのと言うことに意味や違いはなくなりましたね」
と語った。

第 2 章　経営者の認識と事業行動の記述　|　71

規制により通信キャリアとしての NTT（現在の NTT 東西）がインターネット接続事業を直接行うことができないために、別の事業体がインターネット接続サービスを提供するという図式は、国際的にみれば特異な構造であった。しかしそうであったがゆえに、日本のインターネット接続事業には、さまざまなバックグラウンドの企業が自由に参入する余地があり、またそれぞれの意思により自由に顧客獲得競争を展開することができた。それは一種の箱庭的な市場ではあるが、さまざまな事業実験が可能な自由競争市場であったともいえる。通信方式の主流が FTTH に移り、通信キャリアが光回線の卸売を始めたことで、日本のインターネット市場の競争環境を形作る前提はさらに大きく変化し、企業の合従連衡は今も続いている。

　NEC の子会社であった BIGLOBE（NEC ビッグローブ株式会社）は、2014年にファンド会社（日本産業パートナーズ株式会社）の傘下に入り、さらに2017 年になってから、一時期は ISP 競争のトップラインから後退したと言われた通信キャリア KDDI に買収された[30]。ただしすでに、ISP 事業単独では目覚ましい収益拡大が見込まれない中、KDDI の戦略意図は従来のような ISP 事業の拡大を狙うものではないと言われている。

　このニュースは業界の中では少なからず驚きをもって受け止められたが、ある経営者は数年前のインタビューで「KDDI は DION という ISP のブランドを捨てて、au というブランドでモバイルを核とした事業に戦略転換をした。その結果、ISP 同士の競争では存在感がほとんどなくなったが、だからと言って KDDI が敗者であるとは言い切れないのかもしれない」と言っていた。このとき、競争の上位で一定の勢いを保っていた BIGLOBE が KDDI に買収される日が来ることを、この経営者が正確に予見していたとは考えにくいが、誰がどのように生き残っていくかを、ある土俵での一時点の勝ち負けで見てしまうのは近視眼的だということを示しているように思われる話である。

　BIGLOBE とほぼ同時期に、富士通傘下の ISP である＠ nifty も事業再編を発表した[31]。富士通が持つニフティ株式会社の株式は、家電量販事業を中核ビジネスとするノジマグループに譲渡され、ISP 事業を中心とするコンシューマー事業はノジマ傘下の事業会社として再出発した。

これらの動きはISPの顧客獲得競争の域を超えた、異なる土俵の大競争の始まりと見ることができる。これからの競争は、通信以外の生活インフラや周辺サービスまでを大きく取り込むことを各社が目指す、顧客基盤の総取り合戦になっていくと予想されている。

　顧客を取り合う事業者の顔ぶれや企業間の関係性は、1つの構図に留まることなく変わり続ける。この業界のように絶え間なく地殻変動をし続ける業界の競争戦略は、ある一時点を切り取ってみる静的なフレームワークを使うだけでは理解に物足りなさを感じる。その時々で経営者が業界をどのように認識するのか、変化する業界時計の中で、物ごとを流れで捉えることに役立つ動的なフレームワークが強く求められるところである。

7 ｜ プレーヤー同士の相互認識

　膨大なインタビューを通じて、市場で競争しているプレーヤーが競争環境に対してどのような認識をしているか、ある物ごとをどのように考えて行動をおこしてきたかといったことが浮き彫りになる。今回のインタビューからは、経営者たちの認識のありようについて以下のようなことに気づくことができる。

① 市場で競争しているプレーヤー同士が相手に対して持つ認識は、必ずしも均等ではなく内容や見解にズレがある場合もある。

② ライバルに対する認識は、時間や競争環境の変化によって変化することがある。

③ 他社が実行した戦略行動についての自らの認識が明らかでも、それは必ずしも同質化行動に結びつくとは限らない。

彼らが観察をする対象は、自社とライバルとの関係だけでなく、他社同士の関係性にまでおよんでいる。ライバル意識の強さについても程度の差があり、文脈から以下のような種類をみることができる。

a　敵（強く競合するライバル）：業界の中にあって直接的に顧客の奪い合いをする相手。協調的行動をとることはなく、交流もほとんどない。

b　模倣・追随：相手の出す価格やサービス内容を積極的に模倣したり追

随したりして、自社の価格やサービスを変更する基準となる参照相手。

c　仲間的意識：業界の中で顧客獲得競争はしながらも交流はあり、協調的行動をとることもある。

d　静観相手：相手の行動を観察してはいるが、積極的な反応行動はしない。

e　影響者（グループ会社・異業種等）：自社と直接的に競争をする関係ではないが、自社の戦略的行動に影響を与える相手。相手は同業者とは限らない。

f　格上（勝てない相手）：直接的に顧客の奪い合いをする相手だが、相手を上回ることは不可能と考える相手。退出に追い込まれないことを目指す。

g　格下（絶対に負けない相手）：直接的に顧客の奪い合いをしても、相手が自社を上回ることはないと考える相手。

h　無頓着：自社の戦略的行動やパフォーマンスに、他社が影響を与えるとは考えていない、または意識するような相手を有さない。

　業界内の競争の構図が当事者の認識とともに、どのような相互作用によって変化していくかのメカニズムは本書の後半で論じていくが、それは日ごろからわれわれが「○○業界」として安定的に認知しているものの境目を変えていく可能性を持っている。たとえば人々が「インターネット業界」と言うとき、業界創成期当初のそれはほぼISPが提供する接続ビジネスのことを指していた。これはやがてネットショッピングやオンライン証券や銀行、決済、人や物を結びつけるソーシャルネットワーク、クラウドビジネス、シェアリングエコノミーなど、通信接続をコア事業としないプレーヤーによるビジネスをも含めた、総称のようになっていった[32]。異なるバックグラウンドを有するプレーヤー同士が接触し、相互に作用し合う中で、「業界」や「戦略グループ」といったある種の基準で線引きされた集団や場が変化しつつ、動的に成り立っている様子がうかがわれる。

　話を当初のインターネット接続事業による顧客獲得競争に戻す。ISPの収益構造は、従量制料金から定額制料金になり、価格競争が激化し、技術変化

が起こり続けることで大きく変化した。端的にいえばISPのビジネスモデルは、通信設備を増強しつつ回転効率を上げるという設備投資型のビジネスモデルから、通信回線を仕入れて定額で小売りする商社的モデルへと変貌している。これは比較的短期の戦術問題というよりは、市場環境への構造的な適応問題である。ただし、収益をどこから得てどのように事業継続していくかという仕組みには経路依存的な力が働くということもあって、各社の戦略選択はそれぞれのISPを成り立たせてきたバックグラウンドと、競争を通じて蓄積してきた資源や能力によるところが大きい。現時点である程度の経営規模を保っているISPは、生き残りについて接続事業から離れて全く別の事業ドメインに移動していこうとするのではなく、蓄積してきた資源を原動力に、段階的な伸展を模索しているところがほとんどである。市場や競争は、ある日唐突に見えない者の手によって変化するのではなく、経営者の心中にある現状認識と将来への読みが各社の戦略的行動に影響を与え、舵となること、またそれに触発されて他社が単独あるいは時に集団的に動くことが、やがて業界の地殻変動を起こしていくことがインタビューから読み取れる。

(注)
（ 1 ） ISPによっては、国内の商用インターネットの開始を1992年としている場合もある。この年には株式会社インターネットイニシアチブが企画会社を設立している。
（ 2 ） ベッコアメは、1年分前払い方式を採用することによってキャッシュの確保をしようとした。当時これ自体は画期的と捉える論調が多かったが、先払いは会計的リスクがあるという理由で追随するところは少なかった。
（ 3 ） メタルアクセスラインとは、銅線を用いた通信回線のことで、主に電話回線に使用された。徐々に光ファイバーによる通信回線に置き換えられている。メタル回線、メタリックケーブルなどとも呼ばれる。異なる通信事業者の通信回線を接続できるようにすることを「ネットワークのオープン化」、「相互接続」、「回線開放」などと呼ぶ。
（ 4 ） So-netが1999年に正式サービス提供した、ピンク色のクマがキャラクターのメールアプリケーション。キャラクターのかわいさが評判を呼び、So-netはそれまであまりインターネットになじみがなかった女性や若者層の取り込みに成功したと言われている。
（ 5 ） この当時の料金競争については、宮元（2004）を参照のこと。
（ 6 ） NTT東日本とNTT西日本による、ISDNを使った通信料定額のインターネット接

続サービス。フレッツは地域 IP 網とも呼ばれ、ISP とは POI で相互接続する。IP 接続サービスをダイヤルアクセスの足回りに使えば、ISP に接続する際の通信料金が低額になるが、インターネットへの接続には ISP との接続契約が別に必要。1999 年 11 月に新宿区、渋谷区、大田区、大阪市北区、中央区、吹田市で試験サービスが開始された。当初、通信料金は月額 8,000 円であったが、対象地域の拡大に合わせて 4,500 円への値下げが行われた。

（7）1999 年 7 月の NTT 分割再編により、OCN は長距離国際通信を担う NTT コミュニケーションズに承継された。「ぷらら」は OCN と並ぶ、NTT グループの ISP で、NTT 再編時には NTT 東日本帰属のグループ会社とされ、その後 2006 年 8 月 NTT コミュニケーションへと帰属替えとなった。

（8）1999 年 11 月、NIFTY SERVE、InfoWeb 両サービスを統合し、新サービス名称「@nifty（アット・ニフティ）」を開始した。

（9）基礎数値は、日経 BP データボードによる。

（10）ISP や学術ネットワーク同士を接続する相互接続ポイントのこと。

（11）この会話は、OCN がアッカ・ネットワークスのホールセールスで提供した ADSL サービスのことを指している。アッカ ADSL とフレッツ ADSL のサービス開始に関する報道発表は同日の 2000 年 12 月 19 日であるが、アッカプランが月額合計 5,800 円、フレッツプランが 6,550 円という価格差があった。（http://www.ntt.com/release/2000NEWS/0012/1219.html）

（12）ADSL 接続料（月額 990 円）と ISP 接続料（月額 1,290 円）がセットになっており合計 2,280 円。

（13）正規料金表のこと。

（14）フレッツ ADSL の場合、ユーザーは ISP 契約とは別に NTT 東西との間でフレッツ利用契約を結び、料金もそれぞれ別に支払う必要があった。一方で、ホールセラー型の ADSL の場合、ユーザーは ISP との間で一体契約が可能である。

（15）コンピュータ通信には通信機能を 7 つの階層構造に分けて考えるモデルがあり、これを「OSI（Open Systems Interconnection）参照モデル」と呼ぶ。物理的な接続をつかさどる第 1 層の「物理レイヤ」に始まり、第 7 層は「アプリケーションレイヤ」と呼ばれ、ファイルやメールの転送、データベース、www などユーザーが直接目にするアプリケーションはここに分類される。これに由来して、業界関係者は、俗にネットワークインフラに近い部分の話題を「下位レイヤの話」、ユーザーアプリケーションやコンテンツなどのサービスに近いところの話題を「上位レイヤの話」と呼び慣わし、業界構造やプロダクト・サービスなどについてこのレイヤ構造をイメージしながら語ることが少なくない。このように比喩的に使われる場合、その定義や境目はあいまいであるが、インタビューの中でもよく現れた表現である。

（16）ソニーは 2001 年を境に営業利益が連続して下がり、2003 年にソニーショックと呼ばれる大幅な業績悪化を経験する。

(17) 2008 年 3 月には @nifty 株は、IPO 後の高値から約 80％下落していた。富士通は、ニフティの売却先を探したが結局売却は実現せず、ISP 事業以外の経営も安定しなかった。執行体制は、やがて内紛にも近い形での社長辞任劇へと発展していった。

(18) プレスリリース　http://www.biglobe.co.jp/press/2006/0703.html

(19) 宮元（2009a）参照。

(20) 2007 年の BB テクノロジーと旧ソフトバンク BB の合併による。

(21) NTT の通信設備を通らずにユーザー同士を繋ぐソフトバンクテレコムの直収電話。

(22) ODN が 2002 年 7 月に提供開始したメールアプリケーション。2007 年に提供終了。

(23) アッカ・ネットワークスは、2005 年に JASDAQ に上場もしたが、2008 年末に NTT コミュニケーションズが筆頭株主の座をイー・アクセスに譲り、2009 年 6 月にアッカ・ネットワークスは、イー・アクセスに吸収合併された。

(24) 2006 年 6 月にぷららネットワークスおよび、検索サービス goo を運営していた NTT レゾナントの 2 社は、NTT コムの 100％子会社となった。

(25) http://www.kddi.com/corporate/news_release/2009/1208a/index.html

(26) 関西地域では関西電力系のケイ・オプティコムが NTT 西日本とシェア争いを展開しており、東日本地域よりは競争が活発である。

(27) ITU-T が国際標準化した FTTH の規格で、基地局と 1 対多でつながる方式。Passive Optical Network。1 つのセンター側の光伝送装置に対し，複数のユーザー側の光伝送装置が対向する。従来の B-PON 方式に比べて、イーサネット・フレームを効率よく収容できる。

(28) 2015 年 7 月 31 日付 NTT 東日本「フレッツ・ADSL」の新規申込受付終了について
https://www.ntt-east.co.jp/release/detail/20150731_02.html
2015 年 7 月 31 日付 NTT 西日本「フレッツ・ADSL」の新規申込受付終了について
https://www.ntt-west.co.jp/news/1507/150731a.html

(29) 2016 年 1 月 13 日付 NTT コミュニケーションズ「インターネット接続サービス「OCN ADSL セット」および企業向けネットワークサービスにおける一部メニューの提供終了について」
http://www.ntt.com/about-us/press-releases/news/article/2016/20160113_2.html?_ga=1.26756980.872284330.1452830999

(30) 2016 年 12 月 8 日付 KDDI による報道発表「KDDI によるビッグローブの子会社化について」http://news.kddi.com/kddi/corporate/newsrelease/2016/12/08/2193.html
2017 年 1 月 31 日付ビッグローブ株式会社による報道発表「新たな経営体制について」http://www.biglobe.co.jp/pressroom/release/2017/01/170131-a

(31) 2017 年 1 月 31 日付富士通株式会社、ニフティ株式会社連名による報道発表「ニフティの再編について」http://pr.fujitsu.com/jp/news/2017/01/31.html

(32) インターネット接続事業をコア事業としないネットビジネスプレーヤーを総称して OTT（Over the Top）と呼ぶ。

第 **3** 章

戦略グループ理論の足跡

1 戦略グループ論の今日的意義の検討

1-1. 戦略グループ論の視野

　戦略グループの概念は 1972 年の M. Hunt 以来、多くの研究者に論じられ、企業では戦略策定の参考にもされてきた。本章の目的は、戦略グループ論の伝統的な視野の確認および、理論の今日的意義と発展の可能性を見出すことである。

　初期の戦略グループ論の中心にあったのは、業界は比較的安定した状況であるという暗黙の前提のもとで、グループ間の収益性の差が説明できるかどうか、そもそも戦略グループというものが存在するのかどうか、存在するとすればどのようにして形成されるのかといった問いであった。これまで多くの実証研究によって、さまざまな業界における戦略グループの存在が支持されてはきた。その一方で、クラスター分析などの統計的な方法で定義された戦略グループは、単なる人工物であり分析ツールとしての便宜に過ぎず、実在するとは考えられない（Barney and Hoskisson, 1990; Barney, 2002）[1]とする研究者もおり、戦略グループ論研究は結論的な解明にいたってはいない（Leask, 2004）。また、「現状分析偏重」、「戦略形成の議論が手薄」（Mintzberg et al, 1998; Fleisher & Bensoussan, 2003）といった批判もあり、理論的な主張

79

がどのように戦略立案に活きるのかという側面からの研究も、あまり進んではいない。

今日の企業がおかれた環境に目を転じれば、デジタル化と高速大容量の通信技術の発展を背景に、多くの業界や企業がかつてない環境変化に直面している。そこには、産業のモジュール化（根来・堤, 2004）による業界の構造変化、参入や退出の頻度の高まり、差異化が困難な競争の激化、財やサービスの陳腐化の速度の早まり、異業種の企業が同じ事業で競争すること（内田, 2009）など、いくつかの特徴的な現象がある。これらのことは、経営にとって環境変化は所与であり、安定的な構造に寄りかかろうとする企業は必ずしも将来が約束されないことを意味している。このような状況が誰の目にもはっきりしつつあるがゆえに、今日では「どう計画するか」ではなく、「どうふるまうか」という戦略論に人々の関心が集まるのだろう。

加護野（1988）によれば、戦略には「ひとびとの観念の中にある将来志向的な構想としての戦略」と、「実際の行動の結果としてとらえられる戦略」とがあるという。戦略グループ論の場合、たとえば Porter（1980）の戦略グループマップ（図1）のように、グループの境界を静的で変化のない線で描こうとするものは、外部の分析者によって捉えられた事後的なグルーピングにすぎない。つまりそれは、加護野の言う「実際の行動の結果としてとらえられる戦略」である。変化が起こりやすい業界において、将来を志向するための戦略を模索する目的に対しては、有効と言いにくい戦略グループ論であると言ってもいい。もし戦略グループ論が、比較的短期間に環境が変化する時代に、戦略形成を意識して役立つ理論であろうとするならば、理論は結果の事後的な了解や、産業組織論による決定論的なアプローチ（Mascarenhas, 1989）に依存するのではなく、変化を正面から見据える動学的な側面を備えるべきである。近年の戦略グループ論は、ある一時点のスナップショットを示すだけの、人工的な分析ツールとして小さくまとまろうとしている残念な状態にあるように見える。理論の動学化を志向することによって、戦略グループ論は企業の将来に対して示唆を与えられる理論として再構築される必要がある。

戦略グループ論が人工的な分析ツールに堕することを離れ、将来志向性の

図1　Porter（1980）の戦略グループ・マップ

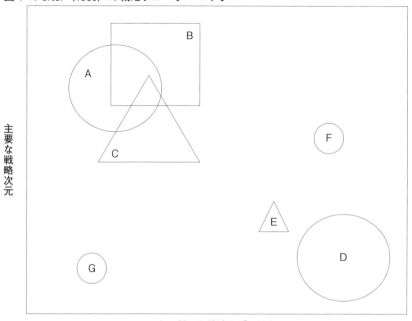

出所：M.E. ポーター『新訂競争の戦略』ダイヤモンド社、1982、p.197。

ある理論として発展を目指すとき、「構想はひとびとの観念の中にある」（加護野, 1988）という着想は重要な立脚点となる。なぜなら企業の戦略構想や行動の背後には、経営に関与する当事者の意思があり、それを代表するのが経営者だからである。さらに環境変化が所与とされるような業界では、経営者が都度その環境をどう認識し、認識に従ってどのような行動を取ろうとするかは、変化がほとんどない環境にある業界を論じる時とは話の重みが異なる。

　戦略グループの先行研究には、当事者のコグニションを考察の対象に含める主観主義型の研究と、対象にしない客観主義型の研究があるが、戦略グループ論が「将来志向的な構想としての戦略」に迫ろうとするなら、理論は経営者のコグニションを考察の対象に含めるべきである。「経営者の頭の中ではどう考えられているのだ」ということ、つまりコグニションへの着眼の必要

性である。最も伝統的な戦略グループ論の多くは業界内のプレーヤーを論じる際に、「意思決定権者の環境の解釈や分別、彼らの環境に対する影響力といったものを無視（Mascarenhas, 1989）」しており、当事者の主観の取り扱いが十分でない。もしこの対極に位置する主観主義的な戦略グループ論が、資源と戦略的行動の相互関係やグループの変化を論じ、動学化に一定の成果を挙げることができれば、業界の競争環境が頻繁に変化する今日的な状況でも、理論として有用性を見出すことができるだろう。Reger & Huff（1993）が考えたように、それぞれの経営者の心中には業界内のプレーヤーのすべてを個別に認識しようとする以外に、何らかの形でプレーヤーをグループ化して捉える認識があると想定される。それは、人間は認知限界から逃れることが不可能だからである。単なる分析ツールではなく、「ひとびとの観念の中にある将来志向的な構想」をサポートするコグニティブな戦略グループ論は、外部の分析者のためではなく、今と将来を生きる当事者のためにある。

1-2. 戦略グループ論の黎明

・戦略グループ概念とスコープ

　Hunt（1972）の、米国の1960年代の大手家電製品業界の収益性の問題を取り扱った論文[2]は、垂直統合、製品の多様化の程度、製品の多様化の違いによって業界を4つの戦略グループに分けて参入障壁を識別し、参入障壁が競争に作用すること、そして戦略グループは業界内の利益配分に影響を与えていることを論じた。ちなみに業界構造および移動障壁と業界の利益配分について、最も初期の研究とされるものは Bain（1956）である。Bain は、業界構造は規模にのみ制約されるのではなく、移動障壁[3]によっても決定されるとしている。また、移動障壁は業界の平均利益を誘導し、移動障壁が新規参入を防ぎ、これゆえに不完全競争のもとでは移動障壁が業界内の企業の利益を守るというのが Bain の主張である。ただし、Bain が「マーケットパワーの共有資産」と呼んだ業界内の利益は、企業の規模に比例して均等に分配されるものだと考えられており、個別の企業の違いというものは捨象されてしまっている。業界内の競争は、究極には個別企業の競争に落とし込まれてい

くという意味では不足を感じつつ、そうは言いながらも業界内の企業は規模以外すべて均質であると前提とした、経済学の均衡理論をベースとする伝統的な産業組織論とは一線を画すところに、戦略論としての出発点を見出すことができる。

　経営学における戦略とは何かということについては、さまざまな研究者によってさまざまな定義が置かれている[4]。戦略という言葉が経営学の世界に軍事用語から転用され盛んに研究されるようになったのは、それほど古い話ではない。そのせいか、戦略という言葉が指し示す内容や範囲は研究者の興味によって区区であるが、戦略グループ研究ではほとんどが戦略の概念を単一事業のスコープで扱っている。戦略とは業界内のある事業の中で、企業が競争優位性を獲得するための打ち手、あるいは打ち手の指針となるようなものである。本研究でいう戦略も、ある組織における事業経営に関する基本的な考え方および、運営原則として意思決定により採用されることで企業の市場行動に重要な影響を与える、基本的な指針のことを意味する。

・戦略グループ論と S-C-P モデルの視点の違い

　産業組織論における S-C-P モデルとは、「産業構造（Structure）が市場における行動（Conduct）や、パフォーマンス（Performance）を決定する」というパラダイムである。競争戦略の研究者による S-C-P モデルに対する最も典型的な批判は、企業の行動とパフォーマンスは業界構造に大きく影響されるという文脈の中で、競合する企業間の違いがほとんど考慮されていないことである（Porter, 1981; 1983; Barney, 2002 他）。しかしこれは S-C-P モデルの不備に対する批判というよりは、均衡理論をベースにした近代経済学の流れのもとにある産業組織論と、個々の企業の成果の最大化を研究上の興味や対象とする経営学の立ち位置の違いと考えたほうがいい[5]。産業組織論は経済学の価格理論を応用し、社会全体にとってどのような産業組織が望ましいかという規範的な関心で市場の構造と効率的運営を論じる。完全競争を前提とする経済学では、市場全体の利潤が最大化する均衡状態が最も望ましい状態であると考えるが、均衡点では個々の企業の利潤はゼロになる。だが個々の企業のパフォーマンス（収益性）の最大化や、競争優位性の獲得に関心を

持つ経営者や戦略論の研究者にとって、この「利潤ゼロになる状態が望ましい」という結論は、いささか違和感のある話になってしまう。経済学的な均衡状態すなわち、それぞれの行動が他者に影響を与えず、しかも市場に提供される財やサービスや情報に差異がなく、何事も代替可能な完全競争の状態は、個々の企業にとっては必ずしも目指す状態ではない。Barney（2002）が指摘するように、S-C-P モデルは、その出自からして個別の企業の戦略選択のための一般的なモデルとして開発されたものではない。業界内の企業は、相対的な規模の違い以外はほとんど同質であるとする S-C-P モデルは、立脚点の違いゆえに、個々の企業が自社にとってふさわしい戦略を導出するときの基本パラダイムにはなりにくいのである。

　産業組織論では、戦略ポジションの変化のほとんどは、業界の外形が大きく変化するときに起こると考える。産業組織論的なパラダイムを戦略選択の議論に適用しようとするとき問題になるのは、それよりももっと手前にある個別の競争局面における状態変化や、日常的な競争に対する意識に欠ける点である。戦略論者はむしろ、個々の企業の戦略が市場に影響を与え、企業のパフォーマンスに影響を与えると、いわば C-P-S とでも言うべき逆の順番性で物ごとを考えようとする。このようなパラダイムが S-C-P モデルとは別に希求されるのは、戦略策定者や戦略研究者にとって少しも不自然なことではない。

　戦略グループ論における Bain、Hunt、Porter らの功績は、戦略論に産業組織論の枠組を持ち込みつつ、「戦略がパフォーマンスや業界構造に影響を与える」という S-C-P モデルを逆回しにするかのような考え方で、業界や競合についての分析視点を補い発展させてきたことである。このような流れの中で戦略グループ概念は、企業のパフォーマンスや戦略選択をミッションとする実務家と研究者の関心や支持を得てきたのである。

1-3.　伝統的な戦略グループ論の論点

　1980 年代後半に入り、戦略グループ論研究は主に 2 つの方向に向かっていった。1 つは「戦略グループは現実に存在するのか、それとも単なる分析

上の人工的なツールに過ぎないのか」、「存在するとすればグループはどのように存在するのか」という実在に関する問題を取り扱う研究。もうひとつは、戦略グループが何を説明するのかについての研究である。中でも1980年代から90年代初期の研究は、ある業界には戦略グループが存在することおよび、戦略グループとパフォーマンスとの関係を説明しようとすることであった。端的にいえば、ある業界を収益性の高いグループと収益性が低いグループに分類する研究と言ってもいい。

・戦略グループは存在するか

M. ポーター（M. Porter）は著書"Competitive Strategy: Techniques for Analyzing Industries"（1980）の中で、戦略グループによる業界分析に言及しているが、ここでは戦略グループが実在することの根拠を論じていない。だがこれに先立つCaves and Porter（1977）で、「企業は異なる移動障壁を立てるための投資をしようとし、業界への参入障壁[6]に対する業界メンバー企業の集団的行動を通じて、（結果的に）異なる戦略グループを形成する」と言っている。このことから、同書の戦略グループ論は「戦略グループは存在する」ということが暗黙の前提となっていると言えるが、だからといって「戦略グループは存在する」ことを当然視することにはならないし、それについての批判もある。

Barney（2002）等[7]はクラスター分析に代表される、統計的な手法により戦略グループの存在を支持しているいくつかの実証研究[8]に対して、統計上のデータセットの代表性や変数の取り方、またクラスター分析という手法自体を疑うことによって、戦略グループの存在を疑っている。もとより「ない」ことを科学的に検証することは困難であり、戦略グループが存在しないことを確認した研究は今のところない。Barneyらと、ある業界のある時点には戦略グループが客観的に1つだけ存在すると前提してその存在を実証したと主張する研究とは、戦略グループの存在をめぐり互いに異なる結論を主張しあっている。

仮に戦略グループが存在したとしても、同じ米国の薬事業界であるにもかかわらず、採用する変数が異なると結論が非常に異なるということも起こっ

ている[9]。Barney（2002）は、戦略グループを統計的手法で取り扱う研究で同じ戦略次元を扱っているにもかかわらず、このような現象が起こることについて、「クラスター分析によって定義された戦略グループが事実本当に存在するかどうかを、統計的に意味のある方法で判断することはほぼできない。もし、それが実在しないとすれば、この分析によって得られた戦略グループの定義は単に計算の結果得られた人為的カテゴリーに過ぎない」（Barney, 2002, 岡田訳, 2003 p.218）としている。要するに、戦略グループは単なる分析手法のための人工物でしかないと言い切っている（Barney and Hoskisson, 1990）のである。批判の根拠となっているのは、戦略変数の選択の妥当性やクラスター分析のために採用されたデータセットに含まれる、多重共線性などの相関性チェックおよび、分析者の主観排除の不完全さである。ただし統計手法の疑義に根拠をおく批判は、戦略グループ概念の検討を単なる「ツールの良しあし論議」に矮小化してしまう恐れがあることには注意を要したい。

　一方で、戦略グループは存在するということを、統計的手法やツール論議によらずに説明しようとする研究もある。1つには本研究のベース理論となる、コグニティブな戦略グループ論である。これは戦略の意思決定者のコグニションに焦点をあてて、戦略グループの存在を認知論的に説明しようとするものである。コグニティブな戦略グループ論については、次章で改めて概念と課題を掘り下げていく。そのほかには、「戦略グループはプロダクトの差異化が可能な市場で、再配置コストが相対的に小さい時に存在する理論的な構築物である」とする、空間的競争モデルによるもの（Tang and Thomas, 1992）がある。これらは、業界をツールによって客観的に分類しようとする議論とは異なる視点や主張を持つものである。このように見てくると、戦略グループに興味を持つ者にとっては議論百出の感があるが、戦略グループが存在するとして、それはどこにどのような形で存在するのかという議論は、まず先行研究の視座と論点を整理していくことで、一定の理解を図ることができる。この整理は次章で行う。

・戦略グループとパフォーマンスの関係
　戦略グループと企業のパフォーマンスとの関係についても、結果を言えば

いまだ統一的な解明にはいたっていない。同じ業界を取り扱っていながら、ある研究ではグループ間の収益性の違いを認め（Cool and Schendel, 1987; Voyer, 1993）、ある研究ではグループ間の収益性の違いはない（Bogner, 1991; Guedri, 1998）と結論している。戦略グループは存在すると考えた研究者の間でさえ、グループ間の収益性の違いについての結論はばらついているのである。

　業界構造（戦略グループ）は、企業のパフォーマンスに対して関係性があったとしても、ある程度の影響力しかないという研究もある（Rumelt, 1991; Roquebert, Phillips and Duran, 1995）。彼らの研究によれば、業界構造は企業の業績に対して、よくても8〜15％程度の割合しか占めない。Carr(1993)は、自動車部品業界の分析で、資源ベースの戦略を採用した企業の方が、さまざまなパフォーマンス指標において成果が高いという結論を出している[10]。つまりどうやら統計的な手法による戦略グループ論を用いて、自社がどの戦略グループに属するかを収益性の確からしさで決めようとしたり、将来の事業収益を確実に予測したりすることはできないようなのである。ただし、企業のパフォーマンスをどのような指標で評価するかについては議論の余地がある。例えば収益率の他にも、成長率や市場でのシェア、顧客の人気ランキングなどを説明変数に取ることができる。そのような研究はほとんど見当たらないが、このため厳密に言えば、上述の論文だけを根拠に戦略グループとパフォーマンスの関係性を完全に否定することはできない。

　戦略グループと収益性の関係を論じることの難しさについては、もうひとつ指摘すべき点がある。もし戦略グループでパフォーマンスの違いを評価するのであれば、ある企業がどの戦略グループに属したか以外の要素の影響や因果関係を、どう切り分けて考えるのかということである。もしこれを論じるのであれば、グループ間のパフォーマンス[11]の差異と、グループ内の個別企業間のパフォーマンスの差異を論じる必要があると思われるが、これを別して論じている研究は意外に少ない[12]。

1-4.　日本の戦略グループ研究

　日本においても 1980 年代後半より現在まで、戦略グループ概念の紹介だけでなくさまざまな業界を対象に概念を用いた分析が行われている。対象業界は損害保険、半導体、納豆、造船、ポイントプログラムなど広範であり、取り扱う財は有形無形を問わない。個別の業界に特化する専門研究誌に掲載される論文が多く、戦略グループ論が人々から経営の現場に近いところで、実践的に活用できると考えられていることがわかる。

　一方で日本における戦略グループ論は、理論発展への貢献性が低いまま今日にいたっていることについての批判は免れない。それは、過去の研究が比較的安定した業界を対象にしており、変化を論じることへの挑戦がほとんどないことでもある。要するに、「ある業界には何個の戦略グループがある」という結果の提示に留まるものがほとんどなのである。競争環境の変化の圧力がそれほどでもなく、または大胆な規制緩和が行われる前で、護送船団方式などと呼ばれるような業界の保護圧力が今日よりも大きかった時代には、経営者の業界認識、競争軸が変化することへの戦略的対応、競争的資源の変化、行動変化のメカニズムといったものにはあまり関心が向かなかったのかも知れない。残念なことに、そのことは結果的に日本における戦略グループ概念の理解を、ツールレベルの小さな領域に押し込めてしまったように思う。戦略グループ研究の本来には、企業の戦略行動と資源蓄積プロセスを通じた、資源ベース戦略論との接合的発展性や、加護野（1988, p.237）や Porac, et al.（2011）が予測するような組織認識論や社会心理学等の、他の研究領域との連携可能性がある。それにもかかわらず、議論を収益性の直接的な違いを示す手段の体におさめてしまい、理論的な活力を風化させてしまったといううらみはある。

　日本におけるほとんどの研究は、「ある時点のある業界は、いくつかのグループに分けることができる」という報告を主旨としていると述べたが、山田（1994）だけはそれらとは意を異にする研究である。山田（1994）は、認知論的アプローチによる分析の枠組みを規範的に論じている、いわゆる「コグニティブな戦略グループ論」である。海外のコグニティブ戦略研究の勃興

に比して、遅れることなく発表された山田論文は、当事者の主観を取り扱おうとする本研究や、日本におけるコグニティブ戦略論の先駆けであることは間違いない。しかし、山田（1994）の「将来の競争に関する組織体の考え方（戦略志向）は、戦略グループの存在と企業経営に影響するはずだ」という着眼には後続する実証的な研究が現れず、今日までこの問題に正面から答えようとするものはなかった。世界的にも極めて早い時期に発表された、日本発のコグニティブな戦略グループ論が問題提起に留まってしまったのは、この20年間の研究の歴史的空白を思うにつけても残念なことである。

　このような状況から、いささか野心的な表現をするならば、本研究はツール論からの脱却を目指すコグニティブな戦略グループ論である。「競争環境が変化する業界で」、「ある共通の資源によるグルーピング認識を有する経営者たちの」、「過去に済んでしまったことの分析ではなく」、「これからの競争優位性確立のための戦略的行動が」、「どのようなプロセスでコグニティブな戦略グループを変化させていくか」という観点で、戦略グループの理論発展を試みる。ここには、競争に資することができる資源は、グルーピング認識を通じた競争的行動を通じてどのように獲得されていくのかという問題意識をも含む。そのような視点を以て戦略グループを論じていくことが戦略グループ論を、変化を前提とした競争を論じられる今日的な理論として再活性化させることだと考える。

1-5.　残課題と発展に向けての着眼

　ここで戦略グループが存在するかどうかという実存議論以外に、与えられている批判と対応すべき課題をまとめていきたい。

　まず、産業組織論からの直接的な発展経緯を持つ伝統的な戦略グループ論には、対象となった業界が安定局面にあるときには基本的には有効だが、頻繁に状況が変化する局面には適さないという批判への対応が必要である。Porter（1983）は、産業組織論を指して「きわめて静的」と言い、戦略論へのパラダイム転換を図った。だが、その Porter の提案する戦略グループマップでさえ、ある一時点における業界のスナップショットを表現することはで

表2　日本の戦略グループ論

題名	著者	発行	分類	要旨・キーワード	掲載誌
「戦略グループと産業組織（経済学のための経営学入門＜特集＞）」	佐久間昭光	1981	客観・規範・静	理論レビューの一部として紹介。	経済セミナー（通巻317），pp.60-67
「戦後造船企業経営史-1- 造船業の多角化戦略と戦略グループの形成過程」	溝田誠吾	1989	客観・記述・静	日本の造船業には総合、重機、専業の3グループがある。	専修大学社会科学研究所月報（通号316），pp.1-38
「戦略グループの変化についての実証研究」	尾上伊知郎	1990	客観・記述・動	戦略グループの安定性（戦略が変われば変化する）、日本の145社にアンケート。戦略因子の変化（因子分析）。	武蔵大学論集37（2-5），pp.467-491.
「損害保険産業の戦略グループ分析」	山田幸三	1992	客観・記述・静	日本の損害保険業界は総合型・中間型・特化志向型・中間型の4つに分けられる。	損害保険研究53（4），pp.49-75.
戦略グループと組織エコロジー	村上伸一	1992	客観・規範・静	組織エコロジー（組織の構造概念）の有用性＞戦略グループ概念　米国のビール業界。	北星学園大学経済学部北星論集29, pp.35-67, 19920300
「戦略グループの概念と認知的アプローチ」	山田幸三	1994	主観・規範・静	認知論の導入を提唱。	岡山大学経済学会雑誌25（4），pp.281-299, 19940310（橋本博之教授退官記念号）
「イノベーションと市場構造」	佐久間昭光	1998	客観・記述・静	日本の半導体産業　～82年は1グループだけ、80年代は3グループある。	-
「製品数と市場シェア─納豆業界における戦略グループ間の競合分析」	田口光弘	2004	客観・記述・静	納豆業界16社を4つのクラスターに分けられる。	日本農業経済学会論文集2004年度，pp.238-243, 2004.
「産業構造のモジュール化が進んだ業界の競争優位の分析」	根来龍之・堤満	2004	客観・記述・動	ISP業界をモジュールで分けた経時変化、収益性を説明。	経営情報学会誌，Vol.13 No.2, September, pp.1-35.
「日本企業研究のフロンティア」	伊丹敬之・上小城伸幸（該当章）	2005	客観・記述・静	日本の造船業を大手・中手に分けられる。	-
「インテグレーションをめぐる垂直的主体間関係と経営戦略　─鶏肉産業を中心として─」	張秋柳・斎藤修	2006	客観・記述・静	日本の鶏肉産業には大規模インテグレーター、中規模インテグレーター、小規模インテグレーターの3つの戦略グループがある。	フードシステム研究第12巻第3号，2006. 2，pp.2-11.
「企業戦略と持続的競争優位」	井本亨	2006	客観・記述・静（ポジショニング論とRBVの対比論）	例えば日本の銀行業界では、長らく都市銀行がひとつの戦略グループを形成してきたが、現在でもメガバンクとよばれるいくつかの銀行集団がその戦略グループの枠組みを継続している。地方銀行も本拠とする地域は異なるものの、ひとつの大きな戦略グループに属していると見ることができる。また、近年登場したインターネット専業銀行はインターネット上での金融商品販売や決済業務に特化している。	『立命館経営学』第44巻第5号，2006年1月，pp.121-148.
「事業形態と収益率─データによる事業形態の影響力の検証─」	根来龍之・稲葉由貴子	2007	客観・記述・静	日本の産業を対象とする収益力分析。	早稲田大学IT戦略研究所ワーキングペーパーシリーズNo.23.
「事業形態・独自資源と収益率格差との関係─財務データ分析をふまえた資源ベース戦略論の発展」	根来龍之・稲葉由貴子	2009	客観・記述・静	2007WP リバイズによる学会誌掲載日本の産業を対象とする収益力分析。戦略グループの違いは「戦略グループとは経営資源の種類と水準の違いによる事業形態の違い」。平均的収益性の違いを説明できる。グループ内の収益性の違いは「独自障壁」によって説明される。	『経営情報学会誌』，Vol.18, No.2. pp.113-137.
「ポイントプログラムにおけるデータ分析手法の検討」	高木啓輔	2009	客観・記述・静（ツール）	日本のポイントプログラムを対象。第一主成分：基本戦略グループ / 独自戦略グループ、第二主成分：提携志向（高）グループ / 提携志向（低）グループの2つの成分分析。・基本戦略グループかつ提携志向（高）グループに属する場合（データ分析）が重視される。・基本戦略グループかつ提携志向（低）グループに属する場合（新規顧客の獲得）が重視される。・独自戦略グループかつ提携志向（低）に属する場合（値引き）が重視される。	日本福祉大学経済論集第39号2009年9月, pp.81-97.
「企業＝資源観の発展過程：知識の社会的構築プロセスとしての考察」	網倉久永	2013	客観・規範・静（理論レビュー）	「戦略グループの議論では、移動障壁の存在によって戦略グループでの業績差異を説明することが可能になるが、グループ内部での業績差異を説明することは難しい。戦略グループ内部にも「サブグループ」が存在するといった想定も不可能ではないものの、企業個別の要因をまったく無視して企業間の業績差異を説明するのは困難である。」	上智経済論集第58巻第1・2号，2013，pp.187-208.

きても、業界内のプレーヤーの競争上の相対関係や、競争軸が変化するような環境を表すことには向いていない。変化が起こることがある種の前提になっているような業界や競争環境では、属すべき戦略グループがアプリオリに存在するかどうかよりも、現在の環境を短いスパンで理解し、戦略的行動をすばやく起こしていくことをサポートする理論を発展させることの方が、より必要だと思われる。

次に、Mintzberg, et al.（1998）や Fleisher & Bensoussan（2003）らに代表される「現状分析偏重」、「戦略形成の議論が手薄」という批判に対する課題がある。参入障壁や移動障壁に焦点を当てたこれまでの多くの戦略グループ論は、現時点の業界分析については相当熱心だが、障壁を越えて参入した後の行動、つまり業界の中でどのように生き残り、成長を賭していくのかといった、事業継続面での戦略形成やメカニズムについての議論が手薄である。例えば今日のインターネットビジネスの世界は、参入や模倣が容易で、ICTの新技術や革新的なアプリケーションなどを武器にして、彗星のように競争者が現れる。インターネット業界でなくとも、企業が担当する事業の範囲が比較的容易に変化し得るのが今日のビジネスの姿である。このような状況下では既存企業が業界の姿をコントロールすることが可能であると考えて、高い参入障壁を築いて新規参入を抑止しようとすることには限界がある。それよりも、外部との関係性の変化を意識的に取り入れた戦略形成に関心の軸足を移していくべきであると思われる。

三番目は主観の取り扱いに関する課題である。ツールを用いて業界分析をする型の研究に比べて、経営者の主観に踏み込む型の研究はあまり進んでいない。本来、業界内のプレーヤーのグルーピングに統計手法を用いようが用いまいが、どの種の戦略グループ論にも分析者の主観の影響は働かざるを得ない。分析プロセスにおける変数や戦略次元の選択も、分析結果の解釈を通じた状況認識も、分析者の主観から完全に解放されることはない。さらに、分析者が戦略に関わる当事者であれば、戦略グループに関するコグニションが戦略グループの存在に影響を与える可能性がある。分析者の主観排除の不完全性さについての疑問と批判は、戦略グループは存在しないとする論者が向ける矛先の１つである。しかし主観は排除すべきものであると言い切る論

者に対しては、上記のような盲点があることを指摘しておきたい。

　極めて初歩的な分析の手続きの誤りを避けることや、外部の研究者の主観と当事者の主観が混在すべきではないのは当然である。論じるべきは、行為者であり分析者でもある競争の当事者の主観をどのように扱うか、彼らによるグルーピングは競争とどう関係しているのかという問題である。競争が絶対的に膠着した状態でない業界では、経営者はライバル企業を観察するだけではなく、業界内に多数存在している企業をあるまとまりと見て、自社の戦略的な行動に活かしている可能性がある。これを外部の分析者視点だけで論じられるとは考えにくい。その問いの解明のために、経営者の主観に存在する戦略グループを研究の対象とするのである。

　実務家の主観的な視点を戦略グループ論に取り入れることは、当事者の認識が競争への対処を促すことや、その結果がグループ構造に影響を与えることについて説明力を持つ。今日のように環境変化がある程度所与と想定され、現に競争が顕在化しているときには、ある一時点を静的に切り取ることよりも経時的な視点で企業の戦略行動を論じる戦略グループ論が望まれる。使用する概念のスコープや構成要素を精緻に検討し、ケースで実在性を例証することで、戦略グループ論は業界内の企業を分類するだけのツールから脱却することができるだろう。

　戦略グループ論には残された課題があることを見てきたが、
　　・業界にはどのような戦略次元によって分かたれたグループが存在するのか
　　・戦略グループは企業の活動にどう影響するのか
　　・戦略グループは変化するのか
という複数の論点は、いっぺんに解決しようとするのではなく、議論を分けて検討し段階的に解題を進めていくべきである。

　まず、さまざまに異なる立脚点に立っている先行研究を、客観主義と主観主義という視座の違いのほか2つの軸、合計3軸で分類する。これまでの戦略グループ研究は視座の違い以外に、分析のツールとして規範や正当性を主張しようとするもの（規範型）と、ある業界が実際にどうなっているかを説明しようとするもの（記述型）がある。さらに、ある一時点でのグルーピン

グを静的に取り扱う型の研究と、グループの変化やメンバーのグループ移動を動的に論じようとする型の研究がある。このようにして先行研究を整理し、本研究がどの領域に焦点を当てていくかを明確にする。多少先取りして言うならば、本研究はある業界で時間を追って競争がどう展開されているかを説明する、主観主義で動的な視座の記述型戦略グループ論に属する。

　次には、分析者や戦略策定者の主観の取り扱いの検討を行う。その理由は、戦略策定者や経営者は、競争の当事者という面もあれば直面する競争状況の分析者という面も持ち合わせているからである。ある意味で最も真剣な分析者であると言ってもいい。戦略形成や実行の側面により強く焦点をあてることになれば、こうした人々の主観の問題は無視できない。また、業界地図と呼ばれる本が毎年のように出版され、よく売れているように見える状況からは、業界を分析的に説明しようとする視点と競争の当事者の内部の視点が、どこかで交差する点があるようにも思われる。

　以前にも増して競争や変化が激しくなると考えられる業界や、既存の競合とは異なる資源や特徴を持つ競合が次々と参入してくることが容易に想定される業界では、Fiegenbaum and Thomas（1995）が論じたように、他社の戦略的行動のベンチマークや参照といった意味合いで競合をグループ化し、行動に着目しながら戦略の方向付けをしていく理論の重要性が高まる。時につれて企業の相対関係は変化すると考える戦略グループ論は、固定的で入れ替わりのない閉じたグループを、ツールを用いて特定することとは異なる。企業やグループ間の相互関係を理解するには時系列的な記述のほかに、変化のメカニズムが作用する戦略次元および、企業が行う他社戦略の参照行動について、構成要素の検討をすることも必要である。

　経営者は業界のプレーヤーたちをグルーピングして理解しながら、生き残りのための戦略的行動をとり、それが次の競争局面を作り上げていくというのがコグニティブな戦略グループ論がイメージする世界である。業界は技術変化のような外的要因によっても変化をするが、活動する企業のふるまいが環境に作用することよっても変化する可能性がある。そのような当事者ドリブンの変化のメカニズムを理解することは、研究者にとっても事業をリードする経営者にとっても興味深い示唆を与えることになるだろう。

第3章　戦略グループ理論の足跡　｜　93

2 | 戦略グループ論の先行研究

2-1. 先行研究のバリエーション

産業組織論の流れを受けた最も初期の戦略グループ論は、業界内の利益配分から着想しグループが収益性を説明することについての研究が主体であった。しかし1990年代以降は、戦略グループの変化や企業の移動（属するグループを変えること）や、競争当事者のメンタルモデルへの着目など、研究にバリエーションが現れてきた。本節では、戦略グループ論の代表的な先行研究を研究の型によって整理し、課題と貢献性の検討をする。

統計や数学的手続きなどの客観分析をベースに戦略グループ考察をし、当事者の主観を議論から捨象する研究を「客観主義的な研究」と呼び、当事者の主観を考察対象に含めて論じる研究を「主観主義的：コグニティブな研究」と呼ぶ。また論述の型については、戦略グループ分析はいかにあるべきかや、望ましい戦略グループとはいかなるものかを論じるものを「規範型研究」と呼び、具体的な業界や事例をもとに戦略グループを論じるものを「記述型研究」と呼ぶ。さらに、ある固定時点の事象や状況を共時的に論じるものを「静的な戦略グループ論」と呼び、企業のグループ間移動や、戦略グループの通時的な変化を論じるものを「動的な戦略グループ論」と呼ぶ。先行研究をこのように分類しながらそれぞれの研究の型を見ていくことによって、それぞれの研究の貢献と課題を明確にする。

本節では、まず視座（客観・主観）の異なる2つの戦略グループ論を紐解く。この2つは視座だけでなく、戦略グループ概念によって説明しようとする物ごとも異なる。続いて論述の型（記述型・規範型）と、戦略グループ論が扱う時間性（通時・共時）による整理を行い、冒頭の視座の違いを加えた合計3軸による分類を提案する。図2は、「静的研究か動的研究か」、「規範型か記述型か」の2軸による類型を示す。

図2　戦略グループ論研究の基本的類型

	記述型	規範型
静的	業界には戦略グループが存在することを説明する ・ある業界（自社）のおかれている競争環境を表したい時。 ・業界内の企業のうち、フォーカスすべき企業群を選びたい時。	現在の業界構造をどのように分析すべきかを示す ・大所高所の視点から産業政策などを論じたい時。（国、行政など） ・業界をまたがる分析が必要な時。（共通のものさし、比較の枠組み）
動的	戦略グループの移動や変化を説明する ・ある共通性を有する企業群の競争環境を時系列で表したい時。 ・将来の競争の方向性の予測を立てたい時。	戦略グループの変化や企業のグループ間移動はいかにあるべきかを示す ・自社の戦略立案や将来に向けての方策を論じる時。 ・将来望ましい業界構造を論じる時。

2-2.　客観主義型の戦略グループ論

　Hunt（1972）や Porter（1980）など、産業組織論を直接の源流とする研究のほとんどは経営者の主観を考察の対象としていない。客観主義的な戦略グループ論者は、当事者の主観がグループの存在に関与するとは考えず、当事者の認識に関わりなく、「業界にはある物ごと（説明対象物）の違いを客観的に最もよく説明するグループが存在する」というのが基本的な考え方である。M. ポーター（M. Porter）をはじめとする初期の戦略グループ論は、いわば外部者の目線による無人称の業界分析である。ここでは、戦略グループは業界の中にアプリオリに存在するものとして捉えられ、理念的には分析者が戦略変数を固定しさえすれば、グルーピングの結果は一意に決まると考えられている。したがってこの型の研究は、統計などの数学的手続きを通じて、個々の企業が属するグループを識別することができるとされる。例えばアメリカの製薬業界の戦略グループ識別を示す研究 Cool & Dierickx（1993）は、その代表的な例である。戦略グループマップは当事者の認識を含まずに、業界

の構造を鳥瞰図的に示している（図3）。

この型の研究では、多くの研究者が保有資源の違いは、戦略グループの重要なファクターであると考えており、説明変数は移動障壁、被説明変数は収益性とされていることが多い。Mascarenhas and Arker(1989)、山田(1992)、Cool and Dierickx（1993）、根来・堤（2004）、根来・稲葉（2009）などの先行研究が、クラスター分析やその他の統計的手法を用い、ある業界には収益性の異なる企業のグループが存在していることを示している。

戦略グループを分かつ移動障壁について Porter（1980）は、戦略が異なる理由は経営資源や能力の違いだと言い、資源ベース戦略論に依拠した根来・稲葉（2009）は、戦略グループとは経営資源の種類と水準の違いによる事業形態の違いであるとしている。ここで言うグループの違いとは、パフォーマンスに格差をもたらす移動障壁のことであり、障壁を形成する保有資源の違いのことである。すなわちここで展開される命題は、「業界には当事者の認識に関わりなく、移動障壁となる保有資源で分かたれた、収益性の違いを最もよく説明するグループが客観的に存在する」ということである。ある業界への参入をもくろむ企業は、分析結果をもとに、その業界に参入するかしないか、参入するとすればどのグループに参入すべきかを決定する。またすでにある業界への参入を果たし、あるグループに属している企業は、新規参入

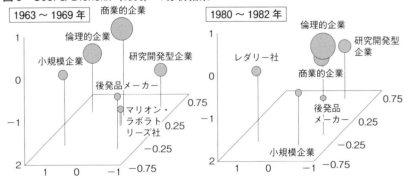

図3　Cool & Dierickx（1993）の分析結果

出所：KAREL COOL, INGEMAR DIERICKX. Strategic Management Journal_1993-14.
注：クラスター分析による戦略グループ識別の例を示す（アメリカの製薬業界における戦略グループ）。

を防ぐためにグループの境目すなわち移動障壁を、グループメンバーと共同して高くするべきだとされる。客観主義型の戦略グループ論の実践的な目的は、過去から現在にかけての業界のパフォーマンス構造を移動障壁で示すことと、この観測に基づく誤りなき参入先の決定あるいは参入防止である。

上記以外の客観主義型の研究には、空間的競争の理論に基づく競争モデルの提示によって戦略グループの存在を説明しようとした Tang and Thomas（1992）や、経済学の理論を持ち込んだ Kumar, et al.（1990）、Fiegenbaum, Thomas and Tang（2001）といった研究もあるが、いずれもほぼ単発の概念提示に留まり、理論の体系性や成熟性としてはあまり見るものがない。

多くの客観主義型の戦略グループ論は、ある業界のある時点での業界構造をグルーピングによって示すものである。このため、競争環境が変化する状況をトレースしながら展開される競争を論じるにはあまり向いてない。客観主義型の戦略グループ論に対する最大の批判は、「己の役割を戦略形成から戦略分析へと減じてしまった（Mintzberg, Ahlstrand and Lampel, 1998）」、「現在の競争優位を過去に遡って解明し記述するのには有効でも、いかに競争優位を構築するかという将来についての規範的視点はない（河合, 2004）」というものである。戦略グループが客観的に存在する、つまり戦略変数が固定されれば誰が分析しても結果が一意だということは、分析は参入後の企業個別の戦略行動に対して示唆を与える性格を持ち得ない。客観主義型の研究が先のような批判をはね返せないのは、ある意味で当然である。要はもともとそのような役割や説明を目的としていないのである。例えば、石油掘削業界を事例として移動障壁によるグループ識別をし、収益性の違いを説明したのは Mascarenhas and Aaker（1989）であるが、このような研究はすでにそこにある違い（この場合は収益性）を説明しようとしているだけで、将来に結びつく戦略を論じようとしているとは考えにくい。多少の皮肉を込めて言えば、企業の戦略立案担当者が移動障壁の内側で（障壁を構成する資源を持ち替えることなく）独自の競争優位性を確立するためには、この型の研究が提示する手法で業界分析をしても、それだけでは何の答えも得られないということである。客観主義型の戦略グループ論が示すのは、あくまでも移動障壁の内側の企業の平均的なパフォーマンスである。もし、戦略グループ内の各社のパ

フォーマンスや戦略行動がばらつくのだとしたら、それは別の動機や要因によるものだと考えざるを得ない。

二つ目の批判は、業界の中に客観的に存在するとされる移動障壁は、グループ間の相互関係を固定的に扱ってしまうことである。このために、ある業界の特定の時期はそう分けられるだけだという「静的スナップショット批判」が避けられなくなる[13]。この問題は、企業のグループ間の移動やグループそのものの変化を論じることができなくなることを意味する。競合企業の相対関係が変化しやすい業界を扱おうとするとき、この問題は致命的である。そこを無理やりカバーしようとすると、Porter（1980）のように、移動障壁としての性質が低い「何をするか」、「どの程度のことをするか」というようなものも戦略次元候補[14]の中に入れざるを得なくなり、移動障壁は資源であるとのロジックが混乱する。このような状態がJ.B. バーニー（J.B. Barney）らの、戦略グループは人為的な便法に過ぎないという批判を喚起する１つの要因となっていると考えられる。

2-3. 主観主義型の戦略グループ論

主観主義型のコグニティブ戦略論は、人の主観に焦点を当てる解釈主義的な哲学や社会学に影響を受け、1980年代後半から90年代にかけて登場した。解釈主義とは学問の方法論において実証主義の対極にあるアプローチで、両者は物ごとや事実の理解についての視座が異なる。実証主義では人が何をどう認識するかにかかわらず、事実や現象は世界にただ１つだけ客観的に存在するとの立場をとるのに対し、解釈主義では事実や現象は、人が設定した理論や概念などの枠組みを通じて認識され構成されるものだとの立場をとる。

戦略論を10の学派（スクール）に分類したMintzbergら（1998）によれば、コグニティブ戦略論（スクール）とは、「起業家の心の中を分析することによって戦略形成のプロセスを解明しようとし、人間の認知領域においてビジョンや戦略が一体どのようなプロセスで形成されるのかを探求する」ものであり、経営者は「戦略的認知における、知識を系統づける心的構造としての認知マップの使い手」である。このような、経営者の認知に焦点をあてる研究の流れ

を受けて新たに提唱されてきたのが、主観主義的と言われるコグニティブな戦略グループ論である。

　コグニティブな戦略グループ論は、競争の当事者の主観を考察の対象に含めるタイプの戦略グループ論で、戦略グループは経営者の心中に心理的に存在すると考える。1980年代の最初期の戦略グループ研究が、経営者の主観問題をまったく取り扱わずにいたことを考えると、このことは戦略グループ研究の発展の歴史上は1つの大きなエポックである。研究の代表例には、概念の提唱を行う Porac and Thomas（1990）、Reger and Huff（1993）、山田（1994）、競争相手のベンチマークや相互作用を通じて、企業行動や製品・サービスが相互に類似したものになっていく過程に焦点をあてた Fiegenbaum & Thomas（1995）、当事者の認知を実際に調査した Porac, Thomas and Barden-Fuller（1989）、Peteraf and Shanley（1997）、Panagiotou（2007）などがある。

　コグニティブな戦略グループ論には戦略グループについての確立された定義がなく、それぞれの研究者により異なる定義が用いられているが、比較的よく知られているのは「それぞれのグループの企業間で、ある戦略的に重要な違いを作るもの」（Reger and Huff, 1993）という定義や、「戦略グループとは戦略や特徴の類似性に関してその重要性が相互に認識されている、業界内のサブ構造」（Peteraf & Shanley, 1997）といった定義である。

　コグニティブな戦略グループ論は、企業間の業績格差をもっともよく説明するグループ分けがひとつだけ存在するという考え方はとらない。研究者たちは、経営者が戦略の類似性や違いによって企業をグルーピングしたものをコグニティブな戦略グループと呼んでいるが、このときの戦略の違いとは保有資源の違いだけではなく、目に見える戦略的行動の違いをも含んでいる。このことが、コグニティブな戦略グループが何を説明しようとしているのかを曖昧にしているという大きな問題点を引き起こしているが、この問題を含め論点の深掘りは章を改めて別に行う。

2-4.　客観型と主観型の対比

　高い移動障壁による戦略グループが「中世の城塞都市のように彼ら（障壁

内にある企業）を守る」（Cool and Dierickx, 1993）と考え、戦略グループを業界内に唯一存在する固定的な構造物のように扱った客観主義的な戦略グループ論に対し、コグニティブな戦略グループ論は、同じ業界内でも当事者の認識によってグルーピングが異なる場合があることを否定しない（Reger and Huff, 1993）。これを客観主義的な戦略グループ論と対比するなら、想定される命題は「業界の競争の当事者のマインドには、ある物ごとの違いをよく説明するグループ分けがある。ただしその存在は１つだけとは限らない」となるだろう。しかし想定される命題が異なるからといって、主観主義的な戦略グループ論が客観主義型の戦略グループ論を否定しているわけではないことは注記しておきたい。

　客観主義型の研究に比べてコグニティブな型の研究数が少ないことは問題点の１つではあるが、対比的に理解しておくべきことはグループの実在に対する両者の基本的な考え方の違いである。客観主義型の戦略グループ論は、業界には客観的に識別できるグルーピングが何らかの形で存在し、識別方法さえ正しければ任意の戦略次元におけるグループの数や属する企業の分け方は、常に一種類であると想定する。これに対しコグニティブな戦略グループ論では、企業の戦略の類似性はグループ化することができ、かつそれが結果的に相当程度当事者の間で見解が一致する（Reger and Huff, 1993）としても、グルーピングは人により多様に異なりうると考える。これは、グルーピングの結果から得られる示唆も必ずしも一様ではないということを意味しており、両者は研究形式の違い以上に、立脚している視座自体が対極的に異なっていることをよく理解しておくべきである。

　個々の企業の視点で、他社と戦略が類似しているかどうかに対する認識や境界線の引き方が必ずしも同等とは限らないということは、誰をベンチマークしながらどの程度競争し続けるかというような判断も、企業毎に異なり得ることになる。実際、外部者の目から見て同じような経営資源を有していながらも異なる戦略行動を取る企業があるのは、ひとつにはこうした認識の違いが作用している可能性がある。コグニティブ戦略論者たちは、戦略グループは競争環境や競合に関する経営者の、認知マップの一種だと考えている。したがって、それぞれの経営者の主観の違いによって異なるグルーピング結

果がいくつ存在していても、そのこと自体は問題にならないのである。

　グルーピングの結果が多数の当事者の間で共通する現象は、Reger & Huff（1993）や Porac, Thomas and Baden-Fuller（1989）等の先行研究によって確認されている。その共通認識化を進める背後にある認知のメカニズムについて、Reger & Huff（1993）は、業界内の情報流通が媒介になると示唆している。この場合の情報流通とは、たとえば同じ業界で働いている戦略担当者が、同じ情報源や同じ雇用プール[15]、同じコンサルタントを何度も使うといったことを指しており、これらを通じて業界内の認識の共通化（共同主観化）が促進されるとしている。Porac and Thomas（1990）は、経営者や戦略担当者のメンタルモデルが業界のグループ構造を決定するとし、Peteraf and Shanley（1997）は、同業他社が互いを継続的に観察・参照することによって、参照グループは同じグループであると encode（符号化）され、相対的に静的なコグニティブグループ化が進むとしている。そしてこのプロセスを繰り返しながら、企業の行動や製品・サービスは時間の経過とともに類似したものになっていくと考えているのである。

　客観主義の戦略グループ論が当事者意識の成分を含まない分析者の視点で、唯一業界に存在するグループを識別しようとするツール議論のようであるのに比べ、主観主義型のコグニティブな戦略グループ論には、当事者の対象選択的な行為や認知限界の影響が入りこんでくる。つまり戦略グループは、必ずしも網羅性を持たない局地選択的な図となる。グループは経営者が着目した戦略次元によって、心理上の業界構造を可視化する。だがその一方で、個々の企業の戦略の識別の方法は標準的な手順が固定されにくく、この手続きのあいまいさが規範論の発展を阻害しがちだという欠点がある。

　そのような欠点を抱えながらも、主観主義型のコグニティブな戦略グループ論の実務的な有用性は大きいと考えられる。なぜなら経営者が、そのグルーピングは経営者の持論、すなわち「自社の日常の理論（加護野, 1988）」に沿って当人が考える「現実」の反映であり、そこから自社が採用し得る戦略行動を考えることができるからである。自社と類似の（または異なる）戦略をとるプレーヤーを確認し、その戦略を参照することと、その結果としてのコグニティブな戦略グループは、経営者それぞれの戦略行動に影響を与える心理

第3章　戦略グループ理論の足跡　│　101

的な構造物なのである。この基本認識は、実行される戦略行動を通じて、n+1 時点の現実に影響を与える。n+1 時点の現実とは、企業にとっては戦略を実行した後のパフォーマンスや、他のプレーヤーとの関係性である。この着想が正しければ、コグニティブな戦略グループ論は「企業のパフォーマンスに間接的な影響を与える物ごとについての理論」であると言い換えることもできよう。

　ところで時にある業界において、戦略グループが存在するのかどうかがはっきりしないことがある。このことが戦略グループの実在性についての懐疑を呼んだことは事実だが、コグニティブな戦略グループ論はこの問題について 1 つの見かたを示している。Reger and Huff(1993)によれば、戦略グループの構造やグループメンバーシップは「（認識の）程度の問題」であり、変化の途中のようなある種の状況下では明確な境界によるグルーピングがうまく示せないことや、企業の戦略的態度によっては外部からの分析では、ある企業がどの戦略グループに属しているのかが明白にならない可能性があることを予測している。また Peteraf and Shanley（1997）の再定義、「戦略グループとは戦略や特徴の類似性に関してその重要性が相互に認識されている、業界内のサブ構造である」とは、複数の当事者に認識されない限り、戦略グループは存在していることにはならないと言っているのと同じである。

　コグニティブな戦略グループ論は、企業の戦略の類似性はグループ化することができるとしても、それは相対的かつ主観的に捉えるものだと考え、分析者によってグルーピングの結果に違いが出る可能性や、戦略グループそのものの存在が状況によって変化する可能性を許容しているのである。

2-5.　静的な戦略グループ論

　1990 年代初めごろまでの戦略グループ論は、ほとんどが産業組織論を直接の源流とし、ある時点でのグループの実在性や収益性との関係を示す静的な研究である。客観主義型の研究は、このタイプが多い。歴史的にはまず、Hunt(1972)による戦略グループ概念の発見があり、Caves and Porter(1977)や Porter（1980; 1981; 1983）に代表される、「静的・規範型」（図 2：第一象限）

の研究が理論を強化した。彼らは、業界は比較的安定的であるという暗黙の前提のもとで、移動障壁と戦略グループという概念に業界構造と収益性を説明する変数を追加した。これにより業界の潜在的魅力の特定をし、参入を決定すべきとしたのである。「静的・規範型」のコグニティブな戦略グループ論には、意思決定権者が競争グループに関するメンタルモデルを使って、どのように競争環境を単純化して見るかを論じたPorac and Thomas（1990）がある。

　規範型研究を受けた静的で記述型の研究には、客観主義的なものにはCool and Schendel（1987）、Bogner（1991）、Cool and Dierickx（1993）、Carr（1993）、Guedri（1998）、Leask and Parker（2006）、Short, et al.（2007）などの実証研究がある。すなわち、ある時点のある業界について戦略グループが存在することを示したり、企業の収益性との関係性を示したりする「静的・記述型」の研究（図2：第二象限）である。これらの研究の多くは、戦略グループは業界の中の利益率の違いを決定するという見かたを直接支持している。根来・稲葉（2007）は、戦略グループを事業形態の差と考え、グループが業界でどの程度収益率格差を説明するかをめぐって障壁論の改良を提案した、日本発の「静的・記述型」戦略グループ論である。

　コグニティブな戦略グループ論の「静的・記述型」の研究には、スコットランドのニットウェア業界における、コグニティブな戦略グループの存在を論じたPorac and Thomas（1987）や、Porac, Thomas and Baden-Fuller（1989）、シカゴの銀行業界におけるコグニティブな戦略グループの存在を論じたReger and Huff（1993）、英国のネット旅行業界を論じたPanagioutou（2007）などがある。

　「静的・記述型」の多くの研究者は、「戦略グループは実在する」という前提のもとで[16]研究を展開したが、その実在性について先に触れたBarney（2002）同様の批判を行うものには他にも、Hatten and Hatten（1987）、Barney and Hoskisson（1990）等がある。また、「現状分析偏重」、「戦略形成の議論が手薄」（Mintzberg, et al., 1998; Fleisher and Bensoussan, 2003 など）という批判は、主にここに分類される静的な戦略グループ論に向けられていると考えられる。静的な戦略グループ論は、戦略変数を固定的に扱っており、

第3章　戦略グループ理論の足跡　│　103

競争環境が大きく変化することをほとんど意識していない。このために「基本的に安定成長の局面にしか適さない」（河合, 2004）という指摘をされることとなり、記述的な研究は仮にある時点の説明ができたとしても、普遍的にそうだと言えるわけではないとの批判を受ける。前節でもみたとおり戦略グループと収益性の関係も、あるものは肯定し、あるものはそれほどでもないとの結論が並行してあり、いずれにしても統一的解明にいたったとは言い難い。

　客観的戦略グループ論では、グループ識別の妥当性が常に議論の的となる。仮に戦略グループが人工的な分析ツールだったとしても、分析者が選択し得る線引きの基準（戦略変数）が多すぎる場合、グループの境界の識別は困難である。このことを、コグニティブ論者である Reger and Huff（1993）は、「Porter は暗黙のうちに不明瞭に定義されるグループの可能性をわかっていて、分析者に、目的によって異なるディメンジョンのマップをたくさん書けと言ったに違いない」と言っている。ツールとしての戦略グループマップにも少なからず問題はある（根来・宮元, 2005）ということだ。

　以上のように、客観主義的で静的な研究にはさまざまな批判が集中している。しかしだからといって、視座が異なる戦略グループ論も含めた理論の体系全体に、この批判が関わるというのは言い過ぎであろう。Leask（2004）の「戦略グループ論は今でも価値があるのか（もう価値がないのではないか）」という問いは一見刺激的ではあるが、戦略グループ論を研究の型で分類して論じることをせずに、すべての研究を総括りにして批判することはいささか乱暴ではないかと思われる。静的な戦略グループ論は、特定の環境にフォーカスし、一部の様相を切り取って業界を理解する方法として限定すれば、使いようはあるという程度のことは言ってもよいだろう。たとえば政策的立場から産業のあり方を論じるような場合には、業界を定点で俯瞰する方法が適当だし、業界をまたがってある時点の構造を比較する場合の共通のフレームワークともなりえる。戦略グループの捉え方が静的であることが、常に批判の対象とされるべきでないことには注意が必要である。

　Leask（2004）自身も結局は、「戦略グループ研究は、分類をすることの意義および競争ダイナミクスについての意味の理解を提供し、進行中の戦略マ

ネジメント研究に対して補完的である。また競合企業を理解し、競合の戦略的な動きを予測しようとする実務マネージャーにとっても同様に有用である」と認めており、戦略グループ論に全く価値がないとするのは極論である。静的な戦略グループ研究はただのツール議論だという批判はあるとしても、実証的な成果の提示によって業界の構造分析に興味を持つ者に概念を広めた貢献性は、少なくとも認められるべきである。

2-6.　戦略グループ論の動学化

　企業のグループ間移動や、戦略グループの変化を論じる動的な戦略グループ論が現れてきたのは 1990 年代以降である。動的な戦略グループ論は、ある時点からある時点までのグループの通時的な構造変化を扱う。主に、戦略グループがどのように変化するかを予測したり、あるグループに属する企業がそのグループを抜けてどのグループに移動するかを考察したりすることに焦点がある。

　動的な戦略グループ論には、グループの構造は一旦形成された後も不変ではなく、あるグループに参入した企業の戦略ポジションも、比較的短期に変化し得る（企業が属する戦略グループを移動する）ということが前提にある。したがってグループの実在議論にはあまり深入りせず、グループの変化や移動はどのような時に起こる可能性があるのか、企業はどのような軌跡を経て移動するのかということを中心的論題として扱う[17]。企業の移動やグループの形の変化は、相応に起こると考えた時点で、戦略グループ論は障壁論から離れ始めたといってよい。業界構造の変化を防いで持続的競争優位を確保し新規参入を防ぐという、高くて安定的な移動障壁の存在や構築に興味を持つ戦略グループ論とは明らかに異なる視点を持っている。

　動的な戦略グループ論について、規範型、記述型それぞれの代表的研究を挙げる。

　「動的・規範型」（図２：第四象限）の研究例には、企業が戦略グループをなぜ移動し、どこまで移動し続けるのかという問いに対して、経済学の均衡理論の視点を持ち込んだ戦略フロンティア（Kumar, et al., 1990）や、ゲーム

理論を適用したベンチマーク理論によって、企業が移動すべき方向を論じたもの（Fiegenbaum, Thomas and Tang, 2001）がある。また戦略グループの生成過程について、「戦略グループはプロダクトの差異化が可能な市場で再配置コストが相対的に小さい時に存在する」という、空間的競争理論をベースにした、個々の企業の戦略的態度とグループの変化のしやすさを論じたTang and Thomas（1992）も「動的・規範型」の例である。

Tang and Thomas（1992）は、戦略グループとは業界内に常在するものではなく、個々の企業が業界のプロダクトスペースの中で差異化の容易さや競争的位置づけの再配置コストをどう見積るかによって、存在を変化させると考えるところに特徴がある。Kumar, et al.（1990）は、企業は自社とベンチマーク先のライバル企業が所属する戦略グループが採用している戦略変数の組み合わせを比較し、これを通じて「自社の戦略ポジションをリダイレクトする」べきであるとする。つまり、企業は目標とした戦略グループに向けて戦略行動を変化させ、グループを移動するべきであることを示すのである。ここには、現在のポジションに高い移動障壁を築くという動機や、同じグループ内のメンバーが共同して障壁の外からの新規参入を退けようとする考えはない。自社の戦略行動のためだけにベンチマークすべき、あるいは自身が移動すべき戦略グループを識別し、行動を決定するという規範が示されている。

以上は客観主義型の「動的・規範型」戦略グループ論であるが、コグニティブな戦略グループ論に属する「動的・規範型」研究にはPeteraf and Shanley（1997）のように、グループ生成を通じた経営者の認知の状態変化や、変化の可能性に着目して戦略グループを論じているものがある。しかし、経営者の内面を取り扱いながらその動きを追うコグニティブな研究はほとんどない。

戦略グループを静的に捉えようとすると「ある」、「ない」の論争が起こる。しかし戦略グループは動的な変化を伴うものだと考えれば、なぜ時期や業界によって戦略グループが存在しているように見えたり見えなかったりするのか、なぜグループの数が研究者によって異なることがあるのかということも説明が可能になる。また、複数の企業のグループ移動のプロセスや競争環境変化との関係性、当事者の意図といった、ある種のコンディションを示すこ

とによって、概念はより柔軟になる。ただしこれらの規範型研究は、後述の「動的・記述型」の研究に対してヒントやきっかけを与えたが、実際には個々の規範をサポートする実証的な試みはあまりされていない。規範論と実証のアンバランスは、記述型の研究が蓄積されていくことによって相互に改善が進んでいくと考えられる。動的な戦略グループ論において最も積極的に検討されるべきは、理念の実証である。

「動的・記述型」（図2：第三象限）の例には、米国の保険業界の戦略グループのメンバーシップの移動を論じた主観主義型のFiegenbaum and Thomas (1995)、客観主義型のFiegenbaum, et al. (2001)、Negoro and Wakabayashi (2007) などがある。これらの研究のキー概念は、他社戦略のベンチマークである。すなわち戦略グループとは、競争企業の参照グループまたは、ベンチマークすべき対象のことである。

動的な戦略グループ論は、グループの内外における自社と他社との関係性は相対的なものだという見かたをする。主観主義型のFiegenbaum and Thomas (1995) は、業界内の企業間には戦略グループに関する共通認識のようなものがあるともしており、動的な戦略の相互作用および相対的なポジションは、時間と共にグループメンバー間でモデル化され、当事者の主観はグルーピングに影響を与えると考えている。

コグニティブな戦略グループ論に属する動的研究は、競争の当事者の認識を含む状態変化を時間的な流れとして捉えなければならない。このためにデータの入手は容易ではなく、研究としては極端に難しいものになる。グループの変化を記述的に論じる動的な研究は、上に挙げた以外にはほとんどない。総じてコグニティブな戦略グループ論は、どの型も研究は未だなお端緒の段階と言っていい。

「客観主義・動的・記述型」の研究の1つにMascarenhas (1989) がある。戦略グループの動学化に布石を打った研究であると考えられるため、別して触れておきたい。

移動障壁とは、基本的には変化しないものであり、戦略グループの境界は移動障壁とすべきであるとしたのは、「客観主義・静的・記述」型の論文

Mascarenhas and Aaker（1989）である。しかし執筆者の一人であるB. Mascarenhasは、統計的な手法を用いた研究では戦略グループが経時的に変化するかどうかがわからないという理由で、共著論文で扱ったのと同じ石油採掘事業の戦略グループの変化を、同年の別の単著論文で論じている。そこでは企業の掘削装置の数の変化と掘削装置の稼働の割合を経済環境のインジケーターとしながら、経済の安定期、成長期、減退期のそれぞれで観察できる戦略グループの数や、企業が戦略グループを移動する率を算出した。この論文では、企業のグループ間移動がおこるのはせいぜい経済の減退期ぐらいのもので、グループの数自体も長期の間に１つ増えたぐらいであるとし、Mascarenhas and Aaker（1989）同様、戦略グループとは基本的には変化が少ないものだという主張が読み取れる。ここでは戦略グループの数の変化は、戦略グループの安定性を示す変数として扱われており、グループの変化を促すのは景気という比較的長いレンジで変動する外生的な要因であると考えられている。その意味では動学化といいながらも、企業の主体的な戦略行動がグループ変化の原動力になるという発想はなさそうである。ただしグループ内のある企業が戦略を変化させると、戦略グループそのものか、グループに属するメンバーか、または戦略グループの数のどれかに変化が起こる可能性に気づいていないわけではない。この時の企業の戦略変化とは、イノベーションや差異化、あるいは同質化を指しており、戦略グループの変化には移動障壁では説明できない企業行動の影響があることを意識しているようではある。しかし根幹として、グループ変化はあくまでも景気という環境的な要因によるとしているために、個々の企業がどのような動機で戦略グループを移動するのかという、当事者の主体性に関わる要因には肉迫できていない。また当論文でいくつかに枝分かれして理念的に示される[18]、企業の選択的な戦略変化の方向と実証的なデータとの連結も不十分で、結局は異なる景気の時期に外から見て戦略グループがいくつあるかという結果のカウントに終始している。このように、議論には詰めきれていない点が残っていると言わざるを得ないが、Mascarenhasの研究は、企業の行動が戦略グループの変化に与える影響に着目してプロセスを示すという、動学化の課題と解題のヒントを与えてくれる。

動的な戦略グループ論は、企業群の競争環境を通時的に論じ、将来の競争や構造の変化の方向を考察対象とすることで、手薄と言われた戦略的行動への示唆や貢献を志向する研究だと言えるが、課題は多い。最大の問題は研究数が少ないことである。特に、提示された理論を継いで体系的、発展的に研究を維持するものがほとんどなく、それぞれに孤立した研究にとどまっている点が弱点である。動的な戦略グループ論は、あるグループや企業がなぜそのように変化していくことが望ましいのか、そのように変化していくことが競争にどのような影響を与えるのかといったことが十分検討されていない。研究は規範と実証の両面がバランスよくサポートされた理論として成長することが望ましい。

　その他の課題をあげれば、動的な戦略グループ論もグループの変化や移動が直接・間接、どのように競争優位性に関係するかを検討すべきである。ほとんどの欧米の研究が、収益性との関係を収益率で直接に説明しようとしている中で、たとえば根来・堤（2004）はこれまでとは異なる目的変数によって関係を論じる「動的・記述型」の研究を展開した。戦略グループとは、「持っているモジュールと組み合わせの違い」であるとし、競争力の代理変数として人気ランキングを目的変数にとり、時系列変化を説明しながら日本のISP業界の構造を論じている。このような研究が積み重ねられることは、今後の動的研究における規範論を確立していくうえでも必要である。

　次に、同じ戦略グループに属していても企業ごとに戦略行動が異なることがあるという事象から、グループ移動に関しては、当事者の主観についての検討がされるべきである。経営者が戦略グループやベンチマーク先の観察を通じて戦略変更をしたり、グループを移動したりすることが、他にどのような影響を与え、競争がどのように変化するかを論じるには、当事者の主観を扱う必要がある。

　すでに見たとおり、静的な戦略グループ論にも有効な適用領域があるため、動的な戦略グループ論を支持しながら議論を深めることは、決して静的な戦略グループ論を否定することではない。ただ今日のように競争環境の変化が激しく、時に既存の業界や業態の概念枠をまたがる企業間で競争が起こる時代には、一時点のスナップショットを論じる静的な戦略グループ論だけでは

限界があることは強調しておきたい。企業を取り巻く競争環境が複雑さを増せば増すほど、固定的な障壁以外の軸で競争戦略を論じることが必要になってくるであろうし、短期間での変化が大きく頻繁になるほど通時的な視点が必要になる。動的な戦略グループ論は、時を追った変化を扱うものだけに、データ収集にも研究の蓄積にも時間と労力を要する。このため手つかずになっている検討課題は多いが期待も大きい。動的な戦略グループ論の貢献とは、機を見て敏に戦略行動を取ることを求められる状況下で役に立つ、考え方やフレームワークを提供できることである。

2-7.　3軸分類の意義

　戦略グループ論の先行研究には、異なる視座のものがあることを整理してきた。「客観・主観」という視座の違いに「静的・動的」、「規範型・記述型」の軸を加えた、3軸分類の意義をまとめる。

　諸研究を分類することは研究の特徴だけでなく、どの領域の研究を進めれば企業の戦略行動が説明できるようになるかを明確にできる。戦略グループ論研究の進化の過程もわかる。例えば McGee and Thomas（1986）は、Hunt（1972）以来の研究を分類したレビュー論文だが、取り上げられたのは客観型の研究であり、当事者の主観の問題に関する情報はない。時が下ってBogner and Thomas（1993）は、企業のグループ概念を産業組織論起源のグループ論とコグニティブなグループ論に分けてレビューし、企業の戦略や資源配分に作用するプロセスを論じた。客観・主観の異なる視座を統合的に論じた初期的研究である。ただ、ある業界の中にグルーピングが存在したり、戦略グループが環境やライバルの対応に影響を受けて変化したりすることが業界にどういう影響を与えるのか、経営者にどういう戦略上の示唆を与えるのかの考察がいささか粗い。これより後に、ベンチマーク理論ベースの戦略グループ論や、経営者の認識を扱う研究、戦略の方向付けや資源と競争のダイナミクスに焦点を移した動的研究（Fiegenbaum, Thomas and Tang, 2001; Hitt, Hoskisson and Ireland, 2008 など）が次々と現れた。企業の戦略性をめぐる研究が多面化してきた現在、戦略グループ研究は3軸でみるのが適当であ

る。

　諸研究を３軸で分類することは、これまで総括りにされてきた戦略グループ論に位置づけと相互の関係性および、発展の示唆を与える。たとえば静的で客観主義的な戦略グループ論が説明不能に陥った点について、それ以外のアプローチの戦略グループ論は別の視座から解釈を示す。特定の業界の戦略グループの今の形状を知りたいだけなら、当事者の主観やグループ変化についての考察は必要ない。だがもし戦略グループ概念を単なる現状分析のツールではなく戦略策定に役立つものにしようと思うなら、経営者が業界をどのように認識し、彼らが業界をグループ化してみていることが何に影響するのか、その結果、企業はどのようなふるまいをするのか（するべきなのか）という一連の問題は放置できない。３軸分類によって、動的な視点を持ったコグニティブな戦略グループ論が従来の論法では説明が行き詰りがちだった議論に対して、異なる切り口から突破口を与える可能性を持つことが想起できる。レビューの結果を図４に示した。

　動的で主観主義型の戦略グループ論は、理論体系としては未成熟であると

図４　主要な先行研究の分類

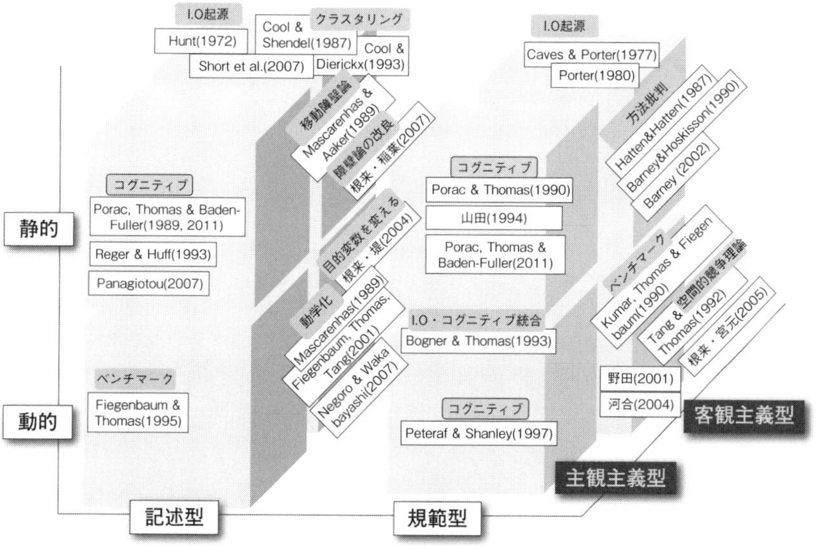

I.O起源
Hunt(1972)
Cool & Shendel(1987)
クラスタリング
Short et al.(2007)
Cool & Dierickx(1993)

I.O起源
Caves & Porter(1977)
Porter(1980)

移動障壁論
Mascarenhas & Aaker(1989)
障壁論の改良
根来・稲葉(2007)

方法批判
Hatten&Hatten(1987)
Barney&Hoskisson(1990)
Barney(2002)

コグニティブ
Porac, Thomas & Baden-Fuller(1989, 2011)
Reger & Huff(1993)
Panagiotou(2007)

コグニティブ
Porac & Thomas(1990)
山田(1994)
Porac, Thomas & Baden-Fuller(2011)

静的

目的変数を変える
根来・堤(2004)

ベンチマーク
Kumar, Thomas & Fiegen baum(1990)
Tang & 空間的競争理論
Thomas(1992)
根来・宮元(2005)

動学化
Mascarenhas(1989)
Fiegenbaum,Thomas; Tang(2001)
Negoro & Waka bayashi(2007)

I.O・コグニティブ統合
Bogner & Thomas(1993)

ベンチマーク
Fiegenbaum & Thomas(1995)

コグニティブ
Peteraf & Shanley(1997)

野田(2001)
河合(2004)
客観主義型

動的

主観主義型

記述型　　　　　規範型

I.O：産業組織論（Industrial Organization）

いわざるを得ないが、実務家の視点に近い実践的な意味を持つことを再評価したい。実務家にとっては業界内の他社全数を対象に個別分析したり、戦略や対応策を個別に準備したりすることは非効率であり現実的でない。ある代表性を持った基準を軸とするグルーピング概念や、一般化されたフレームワークは実務家の助けになる。

　実務家と研究者の双方にとって、業界や企業を戦略の類似性や違いでグループ化することの利点は、広範な現象の中からある基準で考察が必要な部分を取り出し、対象をシンプルにすることで分析や戦略判断を効率的にするところにある。グループ概念の設定は、むやみに分析対象を広げすぎることを防ぎ、考察の範囲をいったん固定することで、認知限界によるぶれや制約を小さくする。また動的な視点は競争が膠着した状態ではない業界の考察を可能にするため、結果として動的な戦略グループ論は、競争が激しく、業界のプレーヤーが頻繁に変化する今日的な状況をみるのに役立つはずである。

　主観の問題を取り扱うことは当事者の内面に肉迫すると同時に、従来の客観性一辺倒の戦略グループ論にはない新たな解釈と柔軟性を生みだす。ただ、どのような客観分析も分析者の主観から完全には解放されないこと、一方で経営者のマインドはできるだけ客観的であろうとする方向に働くことを考えると、分類のために客観・主観を完全に分離しようとすることには、研究遂行上の便宜以外には本質的な意味がないのかもしれない。本章の図示も座標に数値的な意味を持たせていないのは、ひとつにはそのような理由がある。次章では、コグニティブな戦略グループ概念について、論点をさらに深掘りしていく。

（注）

（1）Barney は 2011 年 6 月の来日時、慶應義塾大学における研究会でも同様の見解を示している。

（2）Hunt, M.S.（1972）"Competition in the Major Home Appliance Industry 1960-1970, Unpublished doctoral dissertation" については、McGee and Thomas（1986）、Barney and Hoskisson（1990）、Fleisher and Bensoussan（2003）も参照。

（3）初期の著作物においては「参入障壁（entry barrier）」と「移動障壁（mobility barrier）」の用法についてそれほど厳密でない場合がある。本研究では、ある業界に

対する参入を困難にする要因を「参入障壁」と呼び、業界内における戦略グループ
間の移動を困難にする要因となるものを「移動障壁」としている。

（ 4 ）Barney（2002）*Gaining and Sustaining Competitive Advantage*: Pearson Interna-
tional Education.（岡田正大訳『企業戦略論』ダイヤモンド社，2003 年）第 1 章第 1
項参照。

（ 5 ）三品和広（2004）『戦略不全の論理』東洋経済新報社，pp.108-109 では、経済学の視
点から戦略論への含意として、理論と実務の間にあるギャップについて述べられて
いる。

（ 6 ）最も初期の議論では、参入障壁と移動障壁の概念が同じ意味で使われていることが、
業界やグループの境界に関する議論をあいまいにしている面がある。

（ 7 ）Hatten and Hatten（1987）、Howard and Venkatraman（1988）、Barney and
Hoskisson（1990）、Barney（2002）など。

（ 8 ）Mascarenhas and Aaker（1989）、Cool and Dierickx（1993）などがある。

（ 9 ）Leask（2004）参照。

（10）レビューについては Fleisher and Bensoussan（2003）なども参照のこと。

（11）通常は業界の平均収益をとっている。

（12）根来・稲葉（2007）は、グループ内の企業の収益性の違いを説明するのに移動障壁
と独自障壁という概念セットによる説明を試みている。

（13）客観主義型の研究でも、戦略グループの移動を動的に論じること自体を目的として
いる場合はこの批判はあたらないが、そのような研究は非常に数が少なく体系だっ
たものがあるとは言えない。

（14）Porter（1980）はコスト競争力や価格政策など全部で 13 の戦略次元を挙げており、
これには企業の保有資源以外に、必ずしも「その戦略グループに固有の移動障壁」
ではない、企業が実行する戦略的行動も含まれている。

（15）市場の雇用候補となる人材層のこと。

（16）例えば Porter にしても、業界における戦略グループの形成プロセスについて説明は
試みているが（Caves and Porter, 1977）、正確には戦略グループの実在を証明して
いるわけではない。

（17）Cool and Dierickx（1993）は、1963 年から約 20 年間の米国薬事業界を扱ってはい
るが、この 20 年間の中のある時点のそれぞれに、どういうグループが存在したかを
説明する研究であるため、本書では静的な研究として分類している。

（18）Mascarenhas（1989）FIGURE 1.

第 4 章

戦略グループ理論の発展

1 コグニティブな戦略グループ論を深める論点

1-1. 概念の深掘り

　本章では、コグニティブな戦略グループ論について、前章に続き論考を重ねる。本章は、抽象度の高い難解な所があるかもしれないが、しばしお付き合い願いたい。

　コグニティブ戦略論の流れから当事者のメンタルモデルに着目し、競争当事者の主観を研究対象としたのが、Huff、Porac、Fiegenbaum、Thomas、Peteraf、Shanley らであることはすでに触れた。彼らは、経営者は他社の行動を継続的に観察し、自身の経験を反映しながら他社の選択する戦略や行動の違いを識別するとし、それが抽象化される過程でグルーピングの認識が進むと考えている。このとき、そのグルーピングは少なくとも経営にとって意味があることが重要で、それがコグニティブな戦略グループであり、「競争上の主要な意思決定や行動に違いをもたらす、資源や行動などの共通性に着目した経営者の主観に存在するグルーピング」である。

　本節の前半では、コグニティブな戦略グループ論が準拠する認識論や、解釈学的な概念についての見かたを示す。具体的には、経営者の意識に内在する入れ子構造である「二重の解釈学」と、グループの認識をめぐる「共同主

115

観性」である。このほか、経営者が着目する戦略次元は、必ずしも１つではないという理解から、コグニティブな戦略グループの存在の多重性・重層性についても言及をしていく。二重の解釈学や共同主観性という概念は、理論と日常的な世界の関係性を理解する拠りどころとなると同時に、コグニティブな戦略グループの変化の背後にある、行動や認識形成のプロセスについて土台の役割を果たす。

本節の後半では、議論を受けキー概念の設定をする。

第一に、異なる戦略次元で分離された戦略グループの概念設定を行う。グルーピングの基準となる戦略次元を資源と行動に分けて、「コグニティブな資源グループ」と「コグニティブな行動グループ」という２つの概念を示す。コグニティブな戦略グループ研究は何に対して説明力を発揮するのか、企業の競争行動にどう関係するかの解明が進んでいない原因の１つは、グループを分ける戦略次元に資源と戦略的な行動とが混在していることが、戦略グループの存在の曖昧さを引き起こすことである。

第二に、他社戦略の参照行動の構成要素を「位置づけの認識」と「競争的姿勢」からなる構造的概念で示す。コグニティブな戦略グループ論には、グループ認識が経営者に戦略の参照点を提供する（Fiegenbaum and Thomas, 1995）という考え方がある。参照行動の構成要素を示すことによって、参照行動を通じて得られる認識を明確にする。資源と行動という異なる戦略次元によるグルーピングや、構造化された参照行動の構成要素は、後の事例でその対応物が提示される。

以上の作業を行うことによって、競争環境が変化する場合に、経営者の認識の上に存在するグルーピングがどのようなプロセスで変化するのかや、異なる基準で識別されているグループ間の相互作用を論じる準備ができる。

1-2.　コグニティブな戦略グループ論が準拠する理論

経験的には、コグニティブな戦略グループ論は難しいとか、よくわからないという批判をうけることが多いと思われる。ひとつには、理論が準拠する人の認識と行為についての基本的な理解がうまく整理されていないためでは

ないだろうか。また人々の思考と行為のつながりを、物理的に取り出してみることはできないために、研究にはどこまでも想定や解釈の壁を越えられない気持ち悪さがつきまとう。しかし経営の具現者である経営者の戦略的行動を取り扱う以上、このようなわかりにくさには何らかの形で正対せねば理論に進歩はない。本項では、戦略グループをめぐる「二重の解釈学」と「共同主観性」という、2つの認知論的な側面について論考する。

・コグニションと戦略グループの解釈学的関係性

　コグニティブ戦略論では、人の認知の成り立ちへの関心を避けて通ることはできない。戦略の立案や実行にあたり、経営者は自らのおかれた環境を認識しながら意思決定を行うがその際、多くは参考となる情報を集め、事例や戦況の分析を尽し、選択肢について結果の想定と比較を行うというプロセスを経る。このことは自身の意思決定や行動が、できるだけ合理的で妥当であろうとする基本的な姿勢であり、Simon（1947）による「人間の限定合理性」や、March and Simon（1993）および Cyert and March（1992）[1]らの「探索（search）」の概念など、認知心理学的な要素をもつ組織認識論に理論的な根拠を求めることができる。

　経営者にはそれぞれの経験に基づく行動原則や物の見かた、考え方の傾向などがあり、そのようなある種の持論によって判断が理由付けされ、活動が支えられている。これを加護野（1988）は、経営の実践を支えている知識の体系「日常の理論[2]」と呼んだ。経営者は単なる情報の入出力装置ではなく、他社の戦略行動の観察や、それぞれの「日常の理論（持論）」による解釈のフィルターを通じて自らの認識を戦略行動に反映させる、活動の実行者である。企業は市場の環境や、さまざまなプレーヤーから孤立した存在ではなく、周囲との関係性の中で存在している。ビジネスの現場にいる人々が、社外にある情報や他者の解釈と接触しあうことで持論が変化することも当然あるだろう。経営者の内にある持論や認識は、経営者自身と組織の構成員の経験を通して形成されると考えられるが、それと同時に著名な理論や経営に関する一般知識など、広く日常的に了解されているフレームを取り込むことにも影響を受ける。

加護野（1988）は、「日常の理論」に対し、学者の世界で思考の前提となるメタファーのことを「パラダイム」と呼んだ。そしてアカデミックな理論と、現実の世界で起こる事がらや当事者の理解とが接触することや、両者相互に影響関係があることを、「市場は企業がそれぞれのパラダイムと日常の理論の妥当性と有効性を競い合う場である」と表現している。別の言い方をすれば、経営の現場では当事者が現実として認識する事がらと、学者や組織によって一般化され理論化された事がらが共存し接触し合うことで、「二重の解釈学」（Giddens, 1993）が働くということである。二重の解釈学とはGiddens（1993）による、現実的な行為と理論の間の相互作用を表す社会学的概念である。この概念を戦略グループ論に適用すると、二種類の想定が可能となる。先に、コグニティブな戦略グループは客観主義的な戦略グループ論を否定するものではないと述べたが、その想定によって、両論の存在が実務的には対立的に隔離されたものではないことが理解できる。

　第一の想定は、理論として一般化された戦略グループ概念と、経営者が自分の業界をグルーピングして認識する行為の間には、相互作用が存在することである。図5に示すように、経営者が自分たちなりの認識を得るために業界内のプレーヤーをグルーピングするとき、彼らは一般化された方法をそれぞれに取り込み、客観論的な方法にサポートされた主観的な競争環境認識を持つ。ここに二重の解釈学が働くという想定である。経営者がグルーピング方法の取り込む段階で、客観主義的な戦略グループ論と経験による主観的なグルーピングは接点を有し、両方の影響を受けた認識で戦略が実行されれば、両者が次の時点の業界の競争構造を形作ることになる。

　第二の想定は、二重の解釈学によって戦略グループが変化する可能性である（図6）。一番目の想定で説明したように、競争環境に対する経営者の認識や解釈は、一般化された外部の方法を取り込むことで影響を受ける。次に、この認識に従って実行された戦略の結果が、競争環境に影響を与えるために元の戦略グループの様相が変化する。それは、客観主義的な方法で識別される戦略グループの認識への作用や可変性の想定を意味する。ここでは、現実の世界から理論の世界へ二重の解釈学が作用している。

　これらの想定を加護野の概念に加えると、経営者による将来志向の戦略に

図5 二重の解釈学：(1．方法の取り込み)

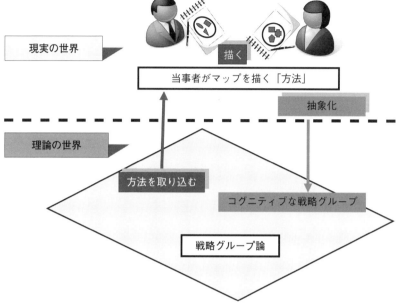

は、二重の解釈学によるフィードバックがかかるということができる。実際に実行された戦略行動の結果は、戦略グループという認知的な構造物および「将来志向の戦略」に影響を与えるという、時間的な繰り返し性のあるダイナミズムを想定することができる。

　加護野（1988）は著書の締めくくりに、「戦略グループの識別基準は必ずしも明確ではない。（中略）それぞれの企業の信奉するパラダイムに注目すれば、より有効な戦略グループの識別が可能になる。戦略グループは同一のパラダイムの枠内で競争するグループと考えることができる」[3]と言っている。加護野がグループ内の競争を意識したことは確かとしても、グループをまたがる競争にどこまで意識を向けていたかはわからない。しかし、経営者の内心にあるパラダイムがグルーピングを規定すると考えていることから、加護野の論はコグニティブな戦略グループの規範論と位置づけてもよいのではないだろうか。このとき念頭にある戦略とは、「ひとびとの観念のなかに

第4章　戦略グループ理論の発展　｜　119

図6　二重の解釈学（2．認識への作用）

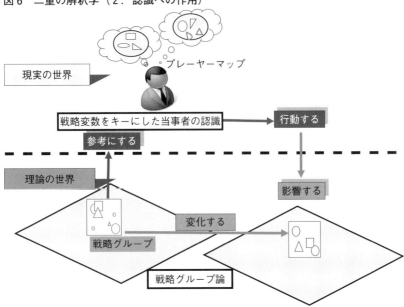

ある将来志向的な構想あるいは構図としての戦略[4]」であることに間違いない。要するに「戦略グループは人々の観念の中に、将来構想とともにある」ということだ。

　これまでのコグニティブな戦略グループ論には、二重の解釈学による影響まで含めて経営者の認識問題を論じたものはおそらくない。グルーピング方法を取り込む実務的な場面や経営者たちの言動に、分析ツールとしての客観主義的な戦略グループが見え隠れすることが、戦略グループの実体を複雑に見せ、研究者に混乱を与えてきたのかもしれない。二重の解釈学による相互作用は、コグニティブな戦略グループの変化を論じ、戦略策定の側面を強化発展させるための足掛かりとなる。

・戦略グループの共同主観性

　コグニティブな戦略グループに関わりを持つもうひとつの認知論的な基礎に、共同主観性と呼ばれる概念がある。Reger and Huff（1993）や Peteraf and Shanley（1997）は、経営者たちの業界観察の結果と認識が相互に流通することで、コグニティブな戦略グループは業界内である程度、共通認識化（共同主観化）すると考えている。戦略グループをめぐる共同主観には、保有資源が誰と類似しているかという共通性の認識以外にも、誰を強い競合相手だと考えるか、誰を仲間だと考えるかというような認識も含まれている。

　この共同主観という概念は、20世紀初頭の哲学者であるE.G.A. フッサール（E.G.A. Husserl）の現象学にまでさかのぼる。日本では、間主観性や相互主観性という訳語があてられることもある。共同主観性とは、個人的な思考や感情がコミュニケーションを通じて、人々の間で意味のレベルまで深く了解された意識や主観のことを指し、社会科学ではWeick(1979)、Wiley(1988)、Weick（1995）などによる社会心理学の流れの中に位置づけられる。

　共同主観が形成されるプロセスとは、ある集団の内部で、個人レベルの主観（内主観性）から創発的に一定の答や意味が引き出され、それがメンバーによって共有された意識(髙橋, 2010)[5]に移行することである。共同主観は、その集団に属する者の間のコミュニケーションを容易にする（加護野, 1988)[6]。人は意味がないと思うことを自分の行動の拠りどころとすることはないが、ある集団に意味のレベルで共通に了解する認識があれば、メンバーがその意味を軸とした共通的な行動をとることや、意味に合わせて行動を変化させることに、それほどの抵抗感はないだろう。個々の人間も人間の集まりである集団も意味によって動く。集団やグループが行動性を持つには、メンバーの間に共同主観が介在している必要がある。

　コグニティブ戦略論者たちも業界内で意識上の相互作用が働くことに着眼し、Weick（1979）らの業績を研究の拠りどころとしてきた。たとえばBarr, Stimpert and Huff（1992）やReger and Huff（1993）は、共同主観性が業界レベルと企業レベルの間で働くことを戦略形成の根拠とした。コグニティブな戦略グループ論では、グループ内の大勢の個人、特に経営者などの中心的なメンバーの間で、核となる確信（core-belief）が共有されていると考える。戦略グループの実証的な確認は、この考えにもとづき経営の中核的メンバーに対してアプローチされている(Porac, Thomas and Baden-Fuller, 1989など）。

　一般的な企業は他社の行動を継続的に観察し、競争環境の理解に努める。

これは個社単位の観察であることも多いが、合理性の観点から戦略的な共通性のある企業を包括的にくくって見ることがあると考えられる。業界内に多数存在する競合他社をいちいち個別に見て回るのではなく、ある代表性を持つ企業の戦略参照を、似たような戦略を採用する企業群全体への参照とみなすのである。Reger and Huff(1993)はこれを simplification and elaboration（単純化と精緻化）と呼んでいる。業界の中では公式・非公式に人々が接点を持ち、情報や人材の流通がある。この流通を介して、ビジネスに関するさまざまな認識の共同主観化が進む。コグニティブな戦略グループが成立するには、ある戦略的な行動を取ることの適切性や意義および、競争に有効な資源を持つグループの識別に関して、相当数の当事者たちが共同主観を持っていることが考えられる。

　経営者にとって、グループ単位の戦略参照や戦略の共通性によるグループ認識には実務的な効率性というメリットがある。この時の括り方に対して当事者たちがそれぞれに妥当性や納得性を感じれば、それはやがて業界内で共同主観化していく。Peteraf and Shanley（1997）はこれを「戦略グループアイデンティティ」と呼んでいる。ここでは戦略グループアイデンティティがあることは、主観を共有するグループのメンバーによって移動障壁が守られる方向に作用すると考えられているようである。しかしそれは、その業界に変化がほとんど起こらないか、変化が止められることが暗黙の前提にあってのことである。地殻変動と言われるような大きい変化が比較的短期間に起こるような業界で、この共同主観性がどのように作用するのかには、別の探索の手を伸ばしていく必要がある。

1-3.　コグニティブな戦略グループをめぐる論点

　コグニティブな戦略グループ研究で、いまだにあいまいになっている論点をほぐしていこう。具体的には、①コグニティブな戦略グループを分ける基準、②コグニティブな戦略グループの説明対象、③他社戦略の参照点としての戦略グループ、④戦略グループの多重性の4つを検討する。この検討によって、人の心理の中に戦略グループが存在することの意味と輪郭とがはっきり

してくる。

　論点の1番目は、グループ分けの基準に関する問題である。コグニティブな戦略グループを広義に捉えれば、経営者が業界を分類したものはすべて戦略グループだという見かたがあるのかもしれない。しかしそれでは戦略グループは経営者があると思えばあり、ないと思えばないと言っているだけのようで合理性がない。当事者が単に趣味的に業界を分類したものを戦略グループと呼んで何の意味があるのだという批判には耐えられない。コグニティブな戦略グループが経営者の認知上に存在したとして、それが企業の競争行動とどう結びついているのかを明らかにすべきである。

　コグニティブな戦略グループ論でもしばしば援用される Porter（1980）の定義および、用いられる戦略次元の曖昧さに見るように、グループ分けの基準は資源と行動どちらなのかがしばしば混同的である。だがいくつかの先行研究からは、グルーピングの基準に関する考え方を読み取ることもできる。たとえば Porac, et al.（1989）は、外部者の目から見て同じような製品を作っている集団がいても、もし当事者たちがそれを自分と強く競合し合っている相手だと考えていなければ、それは戦略グループとは呼べないと考えている。Fiegenbaum and Thomas（1995）は、「コグニティブな戦略グループは戦略行動に影響を与える」と言って、戦略行動に対する影響の有無が戦略グループかどうかの決め手と考えているようだ。また、山田（1994）、Fiegenbaum and Thomas（1995）、Peteraf and Shanley（1997）などは、戦略グループが各企業の戦略の参照点となると考えている。つまりコグニティブな戦略グループは、グループを示す特徴が資源ではなく行動の類似性や自身の行動へのインパクトによる場合もあって、それらは暗黙的に使い分けられているのではないかということを推しはかることができる。要するにコグニティブな戦略グループは理論的には、資源をベースに認識されるものと行動をベースに認識されるもののどちらも存在し得るということだ。このため、本研究ではコグニティブな戦略グループを「主要な差異化要因を何にするかの意思決定や行動に類似性や共通性をもたらす、経営者の主観に存在するグルーピング」と再定義する。中でも、資源の類似性によって識別されたものを「資源グループ」とよび、行動の類似性によって識別されたものを「行動グループ」

と呼ぶ（詳細は次項で詳述）。競争の当事者である経営者が着目する、資源の共通性による戦略グループを「コグニティブな資源グループ」、行動の共通性による戦略グループを「コグニティブな行動グループ」と呼んで区別し、ケース分析でも、あるグルーピングがベースにしていることを明確にしながら対象を論じる。このことで、あるところに存在している戦略グループ同士の関係性がクリアになる。

　2番目の論点は、コグニティブな戦略グループ論が何を説明するかということである。中心的論者である Fiegenbaum and Thomas（1995）や Peteraf and Shanley（1997）、Panagiotou（2007）等は、コグニティブなグルーピングは収益性を直接説明するものではないと考えているが、それに代わる説明対象があまり明確ではない[7]。Porac, Thomas and Baden-Fuller（1989）の研究の軌跡は、まるで研究者の迷いを象徴的に示しているようである。

　J.F. Porac、H. Thomas および C. Baden-Fuller は、1995年と2011年の2回、スコットランドのニットウェア業界におけるコグニティブな戦略グループの論文を共著で発表している。業界の人々が、誰が自社と競合するビジネスを行い、誰と顧客を取り合っていると考えるかを、コグニティブなグループ概念によって説明した。コグニティブな戦略グループと共同主観性を実証した最も初期の論文にあたる。

　同論文は当事者が持つグループ認識を Competitive group as cognitive community と呼び、戦略グループ（Strategic Group）とは用語を使い分ける。当論文では Strategic Group（戦略グループ）とは、統計的な手法で分析的に抽出される客観的なグルーピングのことを指す。これに対して、Competitive group as cognitive community（以下「コグニティブな競合グループ」）とは、「一番の競争相手を定義する心理的なリアリティー」のことである。コグニティブな戦略グループとほぼ同義であり、このグループは「他でニットウェア事業を行う者たちのグループからは、なんらかの形で守られている」、「社会的・心理的な実在」とされている。

　1995年の論文は、競合し合う企業のコグニティブなグルーピングが経営者の心の中に存在していることを確認したが結論はそこまでで、グルーピングが収益性と関係があるかどうかの言及はない。だが2011年の回顧的論文

で、彼らが当時、このグループ認識が他のグループに対して収益上の優位性をもたらしているという前提を内心に持って研究に臨んでいたことが明かされる。

1995年ごろのスコットランドのニットウェア業界は、長期にわたり好調が続いているかに見えていた。しかしその後、海外を中心とする他のニットウェア事業のグループに強く圧され、業界は低迷を続けることとなった。皮肉にもこのことが、2011年論文の執筆のきっかけとなったのである。ある業界の中にビジネスに対する強いグループアイデンティティがあることは、収益的な優位性に必ずしも直接はつながらないことを、彼らは認めざるを得なくなったのである。Poracらは2011年の論文で、スコットランドのケースで当事者たちに強いグループアイデンティティがあったことは、むしろ近視眼的なイナクトメントやイノベーション阻害などの負の作用を引き起こし、業界の低迷の原因になったのではないかと考えている。そして今後は戦略論だけで問題を論じるのではなく、組織論、社会経済学、心理学などの学際的な見地を交えて研究を進めるべきだとの結論に達している。

Poracらの20年におよぶケース・スタディで少なくとも明らかになったことは、経営者が戦略の違いによるグループ認識を持っていることが、良くも悪くも彼らの行動や意思決定に影響を与える可能性である。戦略グループが決定論的に業界のパフォーマンスを規定するのではないこと、そしてグループ認識が戦略行動を通して結果的にパフォーマンスに影響をおよぼすことへの予見を、後続の研究に与えたと言ってもいい。資源には還元できない経営者のコグニションに着目し、戦略グループが戦略行動におよぼす影響のメカニズムは経営者のコグニションの中に潜んでいるという発想を与えたという意味で、彼らの長きにわたる研究には意義があったと言うべきであろう。

3つ目の論点は、他社戦略の参照点としてのグルーピング問題である。

なぜ業界内に同じ戦略を取るグループが生成されるのかという考察の中で、コグニティブ戦略グループ論には、「戦略参照」の概念を積極的に導入しようとする発想が現れた。Fiegenbaum and Thomas（1995）は、グルーピングには競争の当事者に参照点を提供する働きがあり、それが戦略行動に影響を与える可能性を示唆した。ただし、グルーピングが実際にどのような

影響を与えるのかまでは、ここでは明らかにされていない。

　すでに触れたとおり、Reger and Huff（1993）や Peteraf and Shanley（1997）
は、業界内のグルーピングはある程度、共同主観化したものでもあると考え
ている。同じグループに属する企業はグループアイデンティティを持ち、互
いに準拠やベンチマークをする対象（参照点）であると考えるのである。だ
が問題は、経営者が何のために参照点としてのグループ認識を持つかである。
山田（1994）や Fiegenbaum and Thomas（1995）は、戦略の同質性強化の
文脈で参照点としての戦略グループを再解釈しようとし、社会学的所属集団
論における準拠集団概念の導入を検討した。しかしもともと準拠集団とは、
規範的には「そのようになりたい」と思う動機で相手を観察し、仲間性のあ
るグループを形成する（見田他, 1988）ものである。このため、企業間に強い
競合意識があって差異化動機が働く場合には、準拠の概念をそのまま適用し
ようとするのは無理がある。その点について Hitt, et al.（2008）は同質化の
文脈ではなく、Chen（1996）の敵対的競合関係のモデルに依拠し、競合企業
の間に働く参照行動の作用に注目している。Hitt, et al.（2008）は、企業同
士が競争行動とそれに対する競争反応[8]を互いに参照し合い、競争が相互依
存的に推移することを「競争のダイナミクス」と呼んだ。保有資源の類似性
および企業相互の観察と認識が、競争行動に影響を与え、競争の激しさに拍
車をかけるという。

　一般的に参照とは、何かを「引き比べて参考にする・照らし合わせること
（広辞苑）」であり、準拠とは「よりどころまたは標準としてそれに従うこと
（同）」である。したがって参照は、準拠よりも広い概念である。競争戦略論
的には、他社戦略を参照する行動がどのように進み、市場での競争にどのよ
うに作用するかを検討した方が文脈整合的である。つまりグループ認識に基
づく戦略の参照行動とは、戦略の違いを他社と引き比べる行動のことであり、
その結果、企業が類似的な意思決定や戦略行動をするかどうかは別のステッ
プの話である。

　4番目の論点は、戦略グループの存在のしかたには多重性があるという点
である。Reger & Huff（1993）は、なぜ人によって戦略グループに属するメ
ンバーは誰だと思うのかが微妙に異なるのかを考察しようとしているが、業

界にいる多くのひとびとの認識が完全に一致することの方が、むしろまれだと考えるべきであろう。戦略グループが経営者のマインドに心理的に存在するということからは、戦略グループは同時にいくつも存在し得るという、コグニティブな戦略グループ論独特の前提が読み取れる。

　ある戦略グループが経営者の認識に存在する時、何かの理由で別の新たなグルーピングが現れたとしても、それは先の戦略グループが上書きされ消滅してしまうことを直ちには意味しない。このことが、ある期間にコグニティブな戦略グループを多重に存在させることにもなるが、新たなグルーピングが現れる時には戦略グループを分ける基準になる戦略次元の重要性が変化している可能性がある。注目すべきは、この重要性の変化がおこるメカニズムである。

　また、ある経営者にとって比較の対象は常に1つとは限らない。Panagiotou（2007）は、英国のネット旅行業における2グループ間の参照行動を論じたが、グルーピングは業界の中で最初から共同主観化しているわけではない。競争に資する資源が多数想定されている場合は、資源の数やそれぞれの経営者がどの資源により着目するかによって、業界内に複数のグループ分けが存在し得る。さらに言えば、もしある経営者の心の中に異なる戦略次元が複数存在し、その戦略次元ごとに経営者がグループ分けをしていれば、参照点は一人の経営者の心中にさえ複数存在し得る。これはどのグルーピング方法が正しいかという問題ではなく、グループのバリエーションは経営者が重要だと思う戦略次元がひとつではないことを反映しているに過ぎない。

　複数の経営者たちが複数の資源や行動の共通性に着目する可能性があり、多重に併存し得る性質を持つコグニティブな戦略グループがどのようにあり、変化し、単なる便宜的分類である以上の働きを持つかは、当然複数のグルーピングが認められる事例によって検討されるべきである。

1-4.　資源グループと行動グループの違い

　コグニティブな戦略グループ論が理論的な発展に苦心してきたのには、理由がある。1つ目は、外からの観察ではうかがい知ることができない当事者

の内省的な視線が入る難しさである。もうひとつは、グルーピングの分類基準として用いられる戦略次元に、移動障壁を形成する資源と他社との違いを作り出すための戦略的行動の２つが混在することで、戦略グループが何に対する説明力を発揮するのかが曖昧になってしまっていることである。「どのような資源を保有するか」、「どのような行動シナリオを持ち、実行するか」といった戦略には、ある時間的なはばと連続性がある。両者を分離することで、戦略グループは静的で変化の少ない市場でしか説明力を持たないのではないかという批判に対し移動の概念を明確にでき、経営者のコグニションをベースにした戦略グループ論が、変化が起こる市場でも一定の説明力を有するという反論になる。それにもかかわらず、これまでの戦略グループ論では、両者は混同され今日まで放置されてきた。たとえば Porter の戦略グループ論では、例示的に列挙された戦略次元が 13 個もあって数が多すぎるばかりでなく、中には必ずしも本人が言う「その戦略グループに固有の移動障壁」とはいえないものまでが含まれていたりして、どう扱えばいいのかにも困る。このようなことが起こるのは、資源と行動が未分離であるからだ。

　意地の悪いことをいえば、それが戦略グループと呼べるかどうかは別として、業界のグルーピングは移動障壁を用いなくてもいくらで分類できる。そもそも、すべての業界に明確な移動障壁があるとも限らない。たとえば参入や退出が容易で障壁の存在がわかりにくい業界や、競争を促す技術進歩や顧客のニーズ変化が早く、競争優位性をもたらす資源が何であるか自体が変化しやすい業界はいくらでもある。このような、安定的とは言いにくい業界をグループで論じようとすると、グループ分けの基準を緩くしたりあれこれ拡大したくなったりするのだろう。だが理論としてのコグニティブな戦略グループは、誰かがアドホックや気まぐれで線引きしたものではなく、その存在が企業の意思決定や行動に影響を与えるものでなくては意味がない。研究者にとって残念なのは、概念が提起されているにもかかわらず、企業の行動への影響を実証した研究がほとんど見当たらないことで、わずかに Bogner and Thomas（1993）がモデル上の試論を示す程度であることだ。

　コグニティブな戦略グループを識別する「戦略の違い」とは、おのおのの分析者（経営者）の目に映る戦略の違いのことである。すでに指摘したよう

に「戦略」という言葉はしばしば混同的に使われる。「戦略の違い」とは必ずしも「収益の違いをもたらす保有資源や移動障壁の違い」のことを指しておらず、競争優位性を築く力がある資源に加え、実際に実行された戦略的な行動が含まれる。それに、実務者にとっては自分の好きな基準で業界を自由にグルーピングしてみるだけでもコンフォタブルでありさえすればある意味十分だし、それが研究者のように厳密な手続きを用いた理論的な戦略グループかどうかは関心事ではなかったりもする。それで実務的には全く困らないということではあるが、これに引きずられて現実を取り扱う理論や、理論が説明しようとしている物ごとがわかりにくくなるのは望ましくない。

　一般的に経営資源とされるものには、設備、不動産などの有形のものに加え、無形のもの、現場改善能力、組織能力といった複合的なものが含まれる。グルーピングの基準として使えるものには、このような経営資源の有無以外にも、たとえば「顧客が購入や契約の意思を決めるときに、自社は誰と比較されているのか」という、市場からの視点によるものもある。しかし顧客が感じるブランド価値や製品イメージなどの、顧客の側に蓄積されるある種の資源は、基本的には企業側からコントロールすることが難しいため、本研究ではそのような基準によるグルーピングは、対象から除外する。ただし、「資源」と「行動」および「市場からの視点」は無関係ではなく、図7のように資源を活用した戦略が市場に表出する流れの中で、それぞれは直接・間接に影響を与え合う関係にある（根来・宮元, 2005）ことだけは押さえておきたい。この相互関係を無視してPorter（1980）のように、保有資源と、企業が実行する戦略的行動を「その戦略グループに固有の移動障壁」として一緒の戦略次元にして固定的に扱ってしまうと、グループの変化や企業のグループ移動を論じることが難しくなってしまう。これは致命的な問題である。

　ほとんどの戦略グループ研究が戦略次元をあいまいに扱っているか、Porter（1980）の戦略次元の例を無批判に取り入れているように見えるが、「資源グループ」と「行動グループ」には明らかに異なる性質がある。以下にそれを列挙する。

図7 資源と行動による戦略グループの概念的な関係性

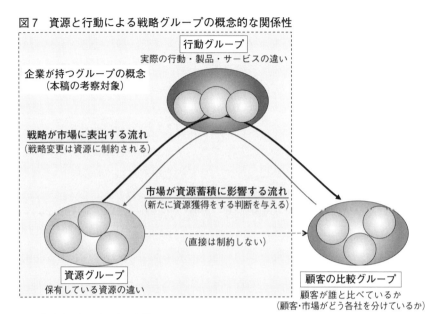

出所：根来・宮元（2005）に加筆。

■ 資源グループ
- ▶ 競争優位性に資することができる資源が何であるか、企業が戦略を立案する時の最初の拠りどころの類似性を表すグルーピング。
- ▶ 拠りどころであると同時に、「保有していない資源は自由に使うことができない」という意味で、戦略立案に制約を与える。
- ▶ ある資源を獲得蓄積し、競争に優位性をもたらす戦略として活用することには相対的に時間や労力がかかる。
- ▶ 戦略に長期的あるいは構造的な制約を与えたり、違いを潜在的に作り出したりすることに影響性を持つ。
- ▶ その企業が何を資源として保有しているかの総体は、競合他社や顧客などの外部者には観察しにくい。
- ▶ 戦略策定時に着目される資源とは、「使えると認知された資源（認知資源）のことであり、「保有資源」と「認知資源」は必ずしも同義ではない。

■ 行動グループ

▶ 戦略的行動が似通った企業のグループであり、その時点での製品やサービスの類似性を表すことがある。

▶ 戦略的行動には企業ごとに得意なあるいは選好するパターンがある。

▶ 資源を持ち替えずとも、比較的短期に小さなレベル（戦術レベル）での行動は変えられるが、大きな方針転換は資源の制約を受ける。

▶ その企業が実際にどんな戦略的行動を実行したか、何をやっているかは競合他社や顧客などの外部者が観察できる。

▶ 競合他社や顧客などの外部者の認知や行動に対して、直接の影響を与える。

　資源グループと行動グループを考察することには、いくつかの意義がある。

　まず資源グループと行動グループを分離することは、両者の変化の戦略的な意味が異なることを明確にする。資源グループを移動することとは、競争優位に資する資源を持ち変えることであり、行動グループを移動することは、自社が対応する市場での戦略なふるまいを変えるということである。

　次に、経営者が思い描く戦略の違いが想定できるようになる。資源の持ち方と行動のどちらも企業の意思によるコントロールが可能だが、業界内で資源の分布が均一なら資源グループを論じることにはあまり意味がない。逆に、業界内の資源分布が極端に不均衡なときには、企業は資源の持ち替えの判断や実行を迫られることがある。注意を要するのはこのときの資源とは、あくまでも経営者がその時点で競争優位を作り出すのに有効だと想定する資源であり、それで競争優位が確立できる保証があるとは限らないことである。競争環境の変化が起こる業界や資源の分布が不均衡な業界では、経営者が着目する資源は1つとは限らない。

　3つ目に、グループの変化やグループ間の関係性を論じることができるようになる。資源と行動の制約関係に方向性があることは、両者の間に経時的な関係があるということを意味する。資源ベース戦略論を中心に、一般的には競争環境が大きく異なる場合には、競争優位性を確立するのに有効な資源も異なることが想定されている。資源グループと行動グループを弁別すれば、

第4章　戦略グループ理論の発展 | 131

競争環境が変化するときにそれぞれは何をトリガーにしてどう変化するのか、グループ認識は意思決定や戦略的な行動に対してどのような作用をするのか、2つのグルーピングの間にどのような相互作用があるのかといったことを論じやすくなる。

　そして4つ目に、それぞれのグルーピングをめぐる当事者の主観問題が論じられるようになる。意思決定によって戦略のコントロールが可能だということには、意思決定を行う経営者の主観性が内包されている。これまでグループを識別するには何を基準に選んでもいい（Porter, 1980）とされ、その内容はほとんど議論されてこなかったが、経営者が業界内のプレーヤーを経験的に分類しようとする時、実際には外から見てわかる保有資源の違いだけでなく、経営者が意識している相手が自社と似たようなことをするかどうかという、行動の共通性がグループの識別子に含まれていることがはっきりする。以上のようなことをひとつずつ明確にしていけば、企業はある戦略グループにうまく属したりグループを移動したりすることによって、市場の中で事業目的を達成できるという実務的示唆を得ることができる。

1-5.　他社戦略の参照行動の構造化

　ここではキー概念のひとつである参照行動に関する基本的な想定と、参照行動の構成要素を示す。実務家にとっては普段から当たり前のことのようになっている、競合他社の戦略を観察したり自社の戦略と比較したりする行為について、構造的な検討をしていきたい。

　他社の戦略的行動を別の企業が模倣したり差異化したりする前には、戦略行動に対するある種の思考段階がある。他社戦略の参照行動とは、経営者それぞれの意思決定のベースとなる認識を得るための行動のひとつである。経営者は自社と類似または異なる戦略をとるプレーヤーの戦略を参照することで、自社の取るべき戦略行動[9]を考える。日ごろから戦略グループが経営者の参照点になるというだけでなく、競争環境が大きく変化するときには、戦略変更の必要性が改めて認知され、打ち手を起こす動機となる。戦略行動の前に参照行動があり、それが変化するところに戦略グループの変化の潜在的

なきっかけがある。

　経営者が他社の戦略行動を参照し、自社との関係を位置づけながら頭の中に認知マップを作ることを「位置づけの認識」と呼び、どのような方針で戦略行動を取ろうと考えるかを「競争的姿勢」と呼ぶ。参照行動とは、事業の責任者である経営者が位置づけの認識を得て、競争的姿勢を持つところまでを指す。企業の戦略行動の実行可否は、競争以外の要因や社内の個別事情に左右されることがあるが、参照行動自体はそのような攪乱要因の影響を受けにくい。参照行動によって得られた認識は、実行される戦略行動を通じて企業のパフォーマンスや競争環境に影響を与える。参照行動は意思決定のためのコグニション形成を駆動し、コグニティブな戦略グループが形成される前工程にあたる。

　競争環境の変化が早いときには、自社を特徴づけ、差異を作り出すことができる資源や能力の所在を、より早く突き止める必要性に強く迫られる。また、各社単体の資源だけでは十分な差異化ができない時には、資源や能力を補完しあうパートナーが必要なこともあるだろう。このようなときには、競争相手の敵対的な動きの察知だけでなく、さまざまな行動可能性の探索のためにも他社の行動を注意深く観察する必要が生まれ、参照行動が意味を持ちやすい。

　Hitt, et al.（2008）が想定するとおり、ある業界の中の保有資源の類似性が競争激化のきっかけになるのだとすれば、参照行動は資源グループによって異なる可能性がある。特に資源の分布が極端に不均衡な業界では、各企業が競争優位性を作り出すために着目する資源が大きく異なり、それぞれの競争力も異なるために、参照先や参照頻度などに現れる参照行動も異なるだろう。さらに、それまで競争が安定的だった業界でも、もし競争環境が変化すれば企業が保有している資源の競争力にも変化が起こり、それにつれて参照行動もコグニティブなグルーピングも変化する可能性がある。このような、参照行動や競争的姿勢や戦略的行動を通じて変化するグループ構造は、事例分析によって確認することができる。

　ここまでの想定は、以下のように箇条書きにすることができる。

第4章　戦略グループ理論の発展　｜　133

① 経営者は競争優位性や違いを作り出すのに有効と考える、特定の資源を想定している。
② 経営者は業界内のプレーヤーを資源の共通性に着目して識別した「資源グループ」と、参照行動を通じて理解した、行動の共通性に着目してグルーピングした「行動グループ」を心中に持っている。
③ 資源の分布が極端に不均衡な業界では、コグニティブな資源グループの違いは他社戦略の参照行動の違いにつながる。
④ 「資源グループ」と「行動グループ」は存在的には独立しつつも、相互に影響を与える関係性がある。
⑤ 競争環境が変化すれば、参照行動もコグニティブなグルーピングも一連で変化する可能性がある。

質的データ分析に際しては、インタビューの中に出てくる当事者たちの参照行動の分類をすることが必要になる。その準備として、「位置づけの認識」と「競争的姿勢」とで成り立っている参照行動を、構成要素を示しながら構造化する（図8）。この構成要素の分類は経験的なものであるが、MECE[10]

図8　参照行動と位置づけの認識

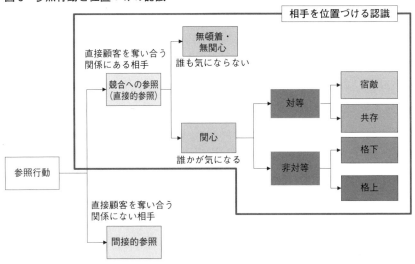

な分類になっており、事例分析ではその対応物が示される。

・競合の位置づけ認識

　企業が他社の戦略を参照する際に比重が高くなるのは、直接顧客を奪い合う関係にある競合相手への直接的な参照である。この直接的参照は、特定の相手に関心を持って参照を行う場合と、他社の戦略には無頓着であるような場合である。ただし、たとえ当事者が無関心であると言ったとしても、真に業界の情勢について興味がなく無知であるということは考えにくく、実際には業界観察は怠りないとみるべきである。ここでは単純化して参照相手の位置づけ方を、

- ・市場の取り合いを意識した「敵対性」の認識
- ・相手に打倒される危惧を否定はしないが、当面の共存可能性を認める「仲間性」の認識
- ・個別のプレーヤーを意識しておらず、「無頓着（インタビュー上では言及にいたらないため、分類不能）」

に三分する。

・参照行動を通じた競争的姿勢

　経営者がどのような方針で戦略行動を取ろうと考えるかを「競争的姿勢」と呼ぶが、実際にはその後に行動が伴うものと伴わないものがある。「競争的姿勢」には3つの典型がある。

- ・差異化的姿勢：競合に先駆けた先行行動や、先行行動を取った相手とは異なる行動を取ろうとする姿勢
- ・同質化的姿勢：先行行動を取った相手を模倣したり、誰かと同調的な行動を取ろうとしたりする姿勢
- ・行動停止姿勢：相手の行動に対して、あえて対応行動を起こそうとせず観察に留まるか、対応できないと諦める姿勢

第4章　戦略グループ理論の発展

2 プレーヤーマップ

2-1.　経営者のグルーピング認識の確認

　ところで経営者は本当に、業界についてのグルーピング認識を持っているのだろうか。コグニティブな戦略グループを空論にしないためには、当事者たちの意識の中にグループ認識のようなものがあることを確認しなくてはならない。そのためには経営者に直接接して、彼らの認識をできるだけ原形に近い形で得る必要がある。

　もし世の経営者が、業界内のプレーヤーについてグループ化を全くしないのなら、コグニティブな戦略グループを論じる意義はほとんどない。逆にそういった事象が１つでもあるのなら、それは理論的考察の対象とするべきである。経営者に自分の言葉で自由に業界を語ってもらい、競争環境や企業をグループの発想で描くかどうかや参照行動を事例で確かめ、そのうえで理論の再構築へと進んでいく。だがこの際に、経営者がグルーピングについての理論的な知識を持っている必要は必ずしもないし、理念的なコグニティブな戦略グループと経営者が自由に描く業界イメージ（プレーヤーマップ）の実体が常に同じである必要もない。

　プレーヤーマップは、それが描かれるというだけでは意思決定や行動との間にどのような相互作用があるかまでは確認できないため、コグニティブな戦略グループと同一視してよいかどうかは検討が必要である。研究者とは異なる「here and now（今、この瞬間）」の世界で生きている経営者は、自分の認知やプレーヤーマップに、普遍性や理論的な説明力があるかどうかなどに、何のこだわりもないだろう。実務家の思考は、理論的であるよりは状況説明的であり、普遍的であるよりは個別具体的である。プレーヤーマップは経営者の理解している世界を、自身の流儀や解釈で写し書きしたものであって、論理を説明するものではない。

　経営者の描く素のままのマップは、アカデミズムが扱う戦略グループとは概念的にも用法的にも似て非なる部分がある可能性があり、両者は混同すべ

きではない。このプレーヤーマップの実体を探るために、本調査（第2章で記述）に先立つ経営者インタビューを実施した。2008年5月から8月にかけて、国内を代表する大手ISPの役員2名に、自社の属する競争の構造をどのような像で捉えているかを聞き、自らの認識を模式的な図で描くことができるか、業界プレーヤーのグルーピングを行うかを調べた。インタビューではそれぞれの経営者が、どのように他との戦略比較を行うか、他社の戦略についての見解、自社の戦略行動などについて、自由な表現での回答を求めた。質問の概要は以下の通りである。

- ▶ 自社の業界について、どのように競争環境を捉えているか（図示による説明を含む）。
- ▶ 業界についてどのようなグルーピングを思い描いているか。
- ▶ 認識するのは「グルーピングされた企業群」か「特定個別の企業」か。
- ▶ 自社の競争戦略と戦略が類似している他社との比較を行うか。比較を行うとすれば、どのような比較をしているか。
- ▶ 自社と戦略が似ている（異なる）と思う企業はどこかの具体名。
- ▶ 戦略参照するのはどこ（どの企業またはグループ）か。
- ▶ 業界内にはグループに関する共通認識のようなものがあると思うか。
- ▶ グルーピングや他社の戦略を参照したあと、どのような行動をとるか（グループ識別の結果を何に役立てているか）。
- ▶ この10年間でグループの変化があったと思うか。あったとすればどのような変化か。
- ▶ 業界団体（JAIPA）[11]や自分の所属するグループについて、業界全体の利益を守るために参入障壁をメンバー共同で構築するという発想があるか。

インタビューを行った2社は、いずれも国内の商用インターネット接続サービスが始まった1995年から1996年の間に事業を開始したいわば老舗であり、全国で数百万加入のサービス規模を誇っていた。調査当時の両社の最

も大きな違いは会社のバックグラウンドで、大手電気メーカーを親会社とするB社および通信キャリアのC社である。このバックグラウンドが全く違う2社が、コンシューマー向けインターネット接続事業で同じ顧客を取り合う競争状態にいることは、業界の資源の分布が大きく異なっていることを象徴している。

　両社とも相当程度の接続契約顧客を有し、月額のインターネット接続料金や追加的なアプリケーションサービスの提供、ネットコンテンツの販売などで基本収入を得る。また、ユーザーが閲覧する自社のホームページには多くのアクセスが集まるため、そこでの広告収入もある。アクセスラインと呼ばれる部分への接続は、光ファイバー接続（FTTH）の場合は通信キャリアの回線を利用し、ADSLはNTT東西やホールセール型のDSL回線事業者の設備利用に依存していた。NTT東西がISPとの契約を介してエンドユーザーに提供する回線は「地域IP網」または「フレッツ網」と呼ばれ、このような通信キャリアの回線とISPとはPOI（Point of Interface）で相互接続している。インターネットユーザーは、この網接続を通してインターネットを利用する構造になっている[12]。両経営者は異口同音に「かつてハッピーな競争時代があった」と振り返る。

「定額料金制による価格破壊が起こる前、従量制のダイヤルアクセスユーザーが増えていった頃は、競争はそれなりに調和がとれていた」。

「当初はユーザー数が急増していくことに加え、従量制料金でも長時間使ってくれた」。

　しかしその後、この状況には変化と試練が訪れる。定額料金制の高速ブロードバンドの時代になり、業界には熾烈な顧客獲得競争と価格破壊が起こった。一人当たり3,000円程度と言われたユーザーの月額平均単金は、各社横並びで約1,500円にまで低下し、大手といえども「ハッピーな競争時代」の終焉を自覚せざるを得なくなった。さらに、インターネットユーザーの利用時間の増加と並行して、写真や動画などデータ量が大きいリッチメディアの送受信や、P2P（ピアツーピア）によるファイル交換などが爆発的に伸び、通信量が加速度的に増加した。これに対応する各社の設備投資の負担は重くなったが、定額料金制では総通信量が増えてもそれに比例して収入が増えるわけ

図9　プレーヤーマップ：B社の例

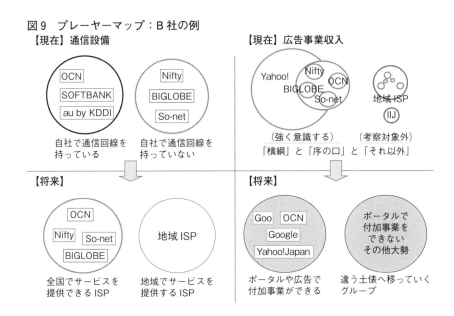

図10　プレーヤーマップ：C社の例

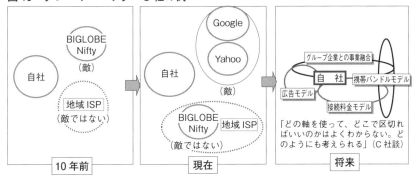

ではない。競争対抗上、いったん下げた利用料金を簡単に値上げすることもできなかった。

　図9および図10は、それぞれの経営者によって描かれたプレーヤーマップであり、彼らが話しながら描画した図を書籍化のために整図したものである。

2-2. 気になる相手と業界の競争構造の認識

　インタビューの中で両経営者は、自社の競争環境や競合の話をしたり将来の競争構造を予測したりするのに、プレーヤーをグループ化しながら語ることがあった。ただしグルーピングは結果の図だけを見れば絵柄は全く異なるし、グルーピングを通して競争の行方や自社の方針をどう考えるかには立場や個性が表れる。だがどちらの話にも、自社と似ているプレーヤーと似ていないプレーヤーが誰だと思うかがにじみ出るところが興味深い。

　グループ認識があるかどうかを示す部分について、B社には以下のようなコメントがある。

「ライバルとして意識しているのはY社とそれ以外のグループ。それ以外と言っているのはC社、N社、S社と自社のことで、似たような戦略をとるグループを形成している。ただS社には関連企業という別の収益源がついているので、その意味では少し違う面を持っているとも思っている」。

「1社でとてもかなわない相手には、仲間同士で連合して対抗するということもある」。

「ビジネスユーザー向けに戦略転換して特化したI社。インターネット競争は広告モデルが中心になると思ったときに、ここはそういうグループの競争には乗らないで、技術を活かしたビジネスに戦略転換をしたISPだと思う」。

　これに対しC社には、以下のようなコメントがある。

「わが社の10年前のライバルは、N社、B社、S社だった。しかし、現在では競争の構図が変わってきており、以前のように彼らとケンカしていれば済むかというとそれは違っている。本当のライバルはポータル事業者。現在はN社やB社、S社等とは局地戦では戦っているが、そこは本来の意味での敵ではない。本来戦わなければいけない敵というのは、ポータル事業者のY社でありZ社である」。

「戦略の類似性により企業のカテゴリーが分かれているということと、どう競争するかということは重なっているようで、実は違う部分もあると思う。現在のカテゴリー分けに終始していてはだめ」。

「N社、B社、S社の3社は同じような戦略を持っているグループだと思う。

彼らは、回線はキャリアから借りて自分でやろうと思っていない。自分たちは“その上のレイヤ”で勝負をしようとしている。それは検索ポータル事業者と戦うんだということの宣言」。

「戦略が類似しているグループの中の人たちは、単に業態が同じというだけなのか敵なのかどうか一口には言えない面もあり、いろいろな分け方ができてしまう」。

　仮に「戦略グループ」という用語を知らなかったとしても、インタビューの中では両経営者が業界内の企業をある種の基準でグループ化している状況が認められる。このとき競合が誰かということのほかに、どちらも技術変化や新たな事業者の台頭による競争軸や戦略の変化についても考えを及ぼしていることがわかる。

　彼らのグルーピングは、必ずしも業界内のプレーヤーを緻密に網羅する形にはなっていない。両社が挙げるISP名はせいぜい上位5〜6社に限られており、これらの社名は繰り返し話題になる。特徴的な戦略転換を行ったとされる1社を除き、これらは加入者数がいずれも100万加入を下らない（当時）。国内のISP数は約9,000社とも言われているが、当時の契約者数の累積シェアは上位5〜6社で約30％である。関係者が業界観察や戦略参照を行う1つの境界線がこのあたりにあるように思われる。

　インタビューでは技術変化をトリガーにして、自社をとりまく環境とプレーヤーは変わるという彼らなりの読みに沿って、自社の戦略と将来の展望が語られる。インタビューでは両社ともに、過去や現在よりも将来予想にウェイトが置かれ、プレーヤーマップには彼らが想定する競争の変化の数だけバリエーションがある。登場するプレーヤーは、同じような事業構造で顧客を取り合う相手ばかりとは限らない。対象となるプレーヤーには、異なるビジネスモデルで自社に影響を与えそうな企業や、自社の意思決定に影響を与える親会社なども含まれており、経営者たちはそれぞれに、自分が気になる相手との関係性をグルーピングしながら識別していることがわかる。

　現状の環境認識は両社似通っているにもかかわらず、グルーピングの基準や戦略を語る態度には違いがある。一言で言えば「あっけらかんとシンプルなB社」と「悩みながらいくつものケースに分けるC社」である。ISP事

業は自由競争の世界にあるとはいえ、通信政策の影響を直接受けやすい立場にあるＣ社は、自社を取り巻くさまざまなプレーヤーの存在、環境変化や将来像、戦略の種類などについて満遍なく意識を凝らし、悩みをみせる。異なる分類軸を用いた複数のグルーピングが意識にあり、設備の保有形態、サービス提供地域や規模、想定される経営課題ごとにグループを描き分け、さらにはビジネスモデルの違いによって、隣接事業にもまたがるグルーピングを試みたりもする。その結果Ｃ社の分類図、特に未来予想図は何種類にもなり形状も複雑になる。一方、Ｂ社はグループを分類する基準や、同じグループに属すると思う企業はどこか、自社が戦略を参照する先はどこかというような話は、いたってシンプルである。

　この姿勢の違いは、両社のバックグラウンドの違いに根差していると思われるが、これを裏付ける興味深い発言がある。Ｃ社は他社がインタビューで何をどう話したかを知らないにもかかわらず、

「Ｂ社やＮ社は、自社の戦略の答はこうだと簡単に言いきれちゃうんですよ。しかし、うちはそうはいかない」

と言う。また他方で、Ｂ社は

「Ｃ社さんはキャリア系で、戦略的行動の選択や決定に悩んでいるんじゃないでしょうかね」

と言う。つまり互いにどこが調査対象になっているかを知らされていなくても、他社の状況をほぼ正確に推察しながら業界を語るのである。この時のＢ社、Ｃ社、Ｎ社というのは役員個人を指していない。「あっけらかんとシンプルにグルーピングするＢ社」と「悩みながらいくつものケースに分けるＣ社」の違いは、経営者の個人的な性格の違いではなくそれぞれが背負うバックグラウンドの違いであり、また他社について言及ができるのは、経営者が常に他社戦略の観察と違いの比較を行っているためだと考えられる。

2-3.　プレーヤーマップの特徴と戦略グループ

　「経営者は実際に、業界についてグルーピングによる認識を持っているのだろうか」という問いは調査の結果からYesであり、プレーヤーマップの

存在は支持することができる。

　プレーヤーマップは経営者の生の認識の図示であり、競合する他社や自社に影響を与えそうなプレーヤーは誰かという関係性を主観的に表現する、いわば自分中心図である。一人でいくつものプレーヤーマップが描け、グルーピングはどの時点を対象にするかで変化する。先の2社の例を見ると、グルーピングは自社通信設備の有無といった保有資源の違いだけでなく、目に見える戦略的行動をも指していることがわかる。どのような事業を行うか、どのようなサービス提供をするか、どの地域で事業を展開するかという行動ベースのものもあれば、競合の度合いをベースにプレーヤーが色分けされることもある。両者のグルーピングの一部には共通性があり、共通するグループの呼称もある。

　彼らの描くグルーピングは感覚的で、ポリシーチェンジを伴わないような細かい戦術レベルのものを含んでいる。どちらの経営者も、自社が過去にどのグループに属したかが現在のパフォーマンスを決めたとは考えていないし、将来的なパフォーマンスを最もよく予想できるグループを探索し、そこに所属することが戦略であるというような発想もない。

　プレーヤーマップは、経営者自身の経験・関心・観測に基づく自在なグルーピングで、あたかも机の上にさまざまな図法の世界地図が並べられているかのように、「あんな分け方もできる」、「こんな分け方もできる」と、同一の認識平面上にマップが混在する。経営者は自分で将来に関する想定をいくつも書き起こし、思考をたぐりながら自社の位置や戦略行動を方向づけしようとする。それが理由で両者とも過去や現在についての言及は短い。競争関係の変化の予測、ビジネスの柱を将来どのフィールドで確立させていくべきか、他社との関係性の中で自社をどこに位置づけていこうとするかといったことに多くの関心を割き、将来についての言及の割合が高くなる。

　グルーピングに関する話題の中で、両者が過去：現在：未来について言及に割いた時間の割合は、B社16％：36％：48％、C社6％：35％：59％である。このことは、経営者が現状分析を軽視しているということではなく、グループ概念を利用しながら未来をより強く意識し、競争環境の変化に備え、戦略を通じて将来のパフォーマンスをよくしようとするためである。その意

味でプレーヤーマップには時間性があり、「現在・過去図」と「未来予想図」の2種類がある。現在図は、現在の競争環境に関する本人の定見を表し、未来予想図としてのマップが複数になるのは、未来の可能性に対する思考実験がそれだけの数にわたるということを意味している。プレーヤーマップは単純には、「敵は誰か」の図になりがちである。しかしそれだけでなく、B社の表現を借りれば「仲間同士で連合」というような、ある種の仲間意識を共有するグルーピングが存在し、時に戦略的な行動を共にすることがあるということもわかる。プレーヤーマップは、経営者の戦略の意識上の起点と言えるだろう。

　プレーヤーマップは、アカデミックな戦略グループと異なり、ある理論の説明という目的は薄い。グループ図を作ることで、競争環境のイメージをわかりやすく可視化することや、戦略オプションの理解を促進することが、主な目的である。理論の面から言えば図が描かれるだけでは、プレーヤーマップが意思決定や行動の変化にどう影響しているのかや、業界の構造変化にどうインパクトを及ぼしているのかまではわからないし、経営者が意識しない部分での作用も読み取れない。コグニティブな戦略グループの本質を理解するには、プレーヤーマップを単に収集するだけではなく、経営者の発言の質的分析を通じて、経営者が自覚していない部分にも踏み込んでいく必要がある。

　コグニティブな戦略グループ概念とプレーヤーマップは、ともに経営者のコグニションに依存するものであるが、いくつかの違いがある。第一に、伝統的な戦略グループ論には現在の業界の鳥瞰図的な議論が多いのに対して、プレーヤーマップで描かれる対象は、必ずしも現在の業界の枠に捉われない。これは経営者の将来への関心の高さからくるもので、現在相手が業界の内側にいるか外側にいるかにかかわらず、自社に影響を与える可能性を持つ相手との関係性や動向にまで関心が向いていることを意味している。第二に、プレーヤーマップのグルーピングには、意思決定や戦略行動に直ちには影響を与えないものが含まれている。描かれたマップの中には、「何年先のことかはわからないが、こんな風にも描けるかもしれない」という思いで、思考実験的に描いてみただけのものが混じっている。分類の軸が多いという意味で

も、分類対象が既存業界の内・外の概念を容易に超えるという意味でも、プレーヤーマップには雑多なものが混じっている。

　この調査における重要な確認事項は、経営者にはグループの認識があること、プレーヤーマップにも理念的なコグニティブ戦略グループ同様、「資源の共通性に着目したグルーピング」と、「行動の共通性に着目したグルーピング」があることである。追加的な発見事項は、競合の程度認識の違いによる「仲間性のグルーピング」が存在することである。競争環境の中で同じ顧客を取り合いながらも、仲間性を共有するグルーピングには、複数の経営者間の共同主観性と戦略的な意思が認められる。

　あるグルーピングを戦略グループと呼ぶには、単に描いてあるだけではなく、意思決定や行動に影響を与える特徴的実態がなければならない。つまり人々がこれまでコグニティブな戦略グループを、「経営者が認識した業界内のグルーピング」と言ってきたのは、かなり大雑把な話なのである。

　経営者のグループ認識は、展望する時間的な幅の違いや、現在の競争上の地位などに影響を受ける可能性があり、グルーピングのインパクトが各企業に働くとは限らない。グループ認識を通じて、現在の保有資源の範囲で短期的に成果をあげることを考えるか、ポリシーチェンジを含む大規模な戦略転換まで意図するかは、自社の競争力をどの程度に見積るかにも依存するだろう。経営者が認識を視覚的に表現するプレーヤーマップは、一見雑多なグループ図にならざるを得ない。しかしその中にある特定のものは、実際の戦略的行動に反映され、行動を通じて業界構造やパフォーマンスに影響を与える。コグニティブな戦略グループとは、経営者が行うグルーピングの中でも、特に競争上の主要な意思決定に違いをもたらす認知的な構造物である。コグニティブな戦略グループは、プレーヤーマップの中に内包されており、両者の概念上の包含関係を図11に示した。

　競争環境が変化すれば、経営者の認識に依存するグルーピングが変化するのは、ある意味自明である。だが、それが他社戦略の参照行動を間に挟みながら企業の競争行動とどのように関係しながら構造が変化するか、そのプロセスは必ずしも経営者が自覚する問題ではない。経営者が自覚していない部分に潜んでいる戦略グループの意味と影響の分析には、インタビューによっ

図11 コグニティブな戦略グループとプレーヤーマップの概念上の関係

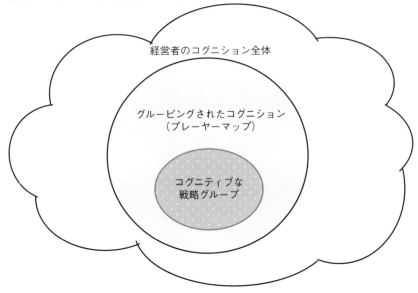

て得られた多数の経営者のコグニションについて、質的なデータ分析を行う必要がある。競争が絶対的な膠着状態にある業界や、高い移動障壁がプレーヤーのふるまいを大きく制約するような業界では、経営者の認識に差が出にくく、コグニティブな戦略グループが競争行動に与える影響や変化を浮き彫りにはしにくい。その意味では、得られる知見がすべての業界についてあてはまるとは必ずしもいえないが、それは議論を進めるうえでの致命的欠陥ではない。

3 │ 他社戦略の参照行動と戦略グループ

3-1. 事例に観察される事実

　第2章で記述した経営者の言葉は、業界史的な価値を持つと同時に、経営者が他社をどうグループ化しながら競争環境を見ていたのか、何が彼らの行

動に影響を与えたのかを理解する手がかりでもある。ここから、経営者たちの戦略の参照行動と認識を確認し、コグニティブな戦略グループの時間的変化と、戦略的行動との相互関係を導き出す。インタビューでは、回答者が自社の戦略的行動のほか、観察して理解した他社の戦略や競争環境を語っている。そのイメージを掴むために、インタビュー中の代表的な発言を表3に示す[13]。

　話し手の表現からは、強い競争意識をむき出しにする相手もあれば、競争関係がありながらも共存の可能性を認める相手がいたりすることがわかる。また、外部からは同じ顧客を熾烈に取り合っているように見えても、当事者には相手の存在が脅威に映っていないこともある。1社に対する発言は1つとは限らず、複数のプレーヤーを総称しながらコメントをすることもある。「絶対に許さない（敵）」、「究極の敵とは思っていない」、「競争はありつつもそれなりに仲よく」、「目じゃない」といった表現は、彼らが相手との競争状態の認識に程度の差を持っていることを表している。

　経営者は、他社との関係性を固定的な形では見ていない。例えば、競争がダイヤルアクセス主軸の時代に「戦っていた」、「敵」と見た相手が、ブロードバンド時代になると「仲間意識がある」とか、「もはや眼中にない」というような評価に変化することがある。その仲間意識についても、「ある時まで仲間意識があったが、ある頃からそう思わなくなった」ということがある。また外形的には同じ顧客を取り合いながら、片方が相手を「かなわない相手」と思い、もう一方は、相手を「ライバルだとは思わない」、「意識していない」という例もあり、相互の認識は必ずしも対称ではないこともわかる。

　戦略参照の範囲は、競合相手だけでなく、資本関係のある関連企業や親会社、隣接領域のビジネスプレーヤーなどにも及び、それらについても多くの言及がある。その一方で、事実上の敗退ISPや、直接顧客を取り合う関係になくなった相手のことは、次第に話題に上らなくなっていく。

　この業界には、関係者が通例的に、ある程度共通して頻繁に使用するプレーヤーの分類呼称がいくつかある。それには、各社のバックグラウンドによって「キャリア系」、「メーカー系」、「パソコン通信系」、「独立系」と分けて呼ぶもの、サービス提供範囲の地理的な違いにより「全国系」、「地域系」と呼

第4章　戦略グループ理論の発展　｜　147

表3　主なトピックス・表現例

使われた表現例	話題
・あそこにだけは負けるわけにいかない（N2）	・接近戦になってきてからのN社のB社への認識
・敵だと思った（C1、S1）	・創成期のR社やP社に対するC社、S社の認識
・相手が値下げやキャンペーンの発表をしたら10円でも安くして彼らの開始日より早くすべきと思った（C3）	・ダイヤルアクセス～ADSL競争における、各社のサービススペック模倣競争時の認識
・あそこと戦っていた／競っていた（A1、C1）	・定額制ダイヤルアクセスから初期ADSLごろまでのK社、O社、N社、B社、S社に対するA社やC社の認識
・常に相手の価格をくぐるようなやり方で自社の価格設定をした（A1）	・N社やB社に対するA社の認識
・お互い競っていた（A1、D1）	・顧客満足競争におけるA社とD社の認識
・あの会社のことは嫌い、受け入れられない（N1、N2、B1、C1） ・うちは皆さんに嫌われている（G1）	・G社に対する、B社、C社、N社などの認識 ・G社の認識
・あり得ない、とんでもない（N1、N2）	・G社に対するN社の認識
・目の上のたんこぶ（A1）	・A社に対するP社の認識
・あそこと競うことはできないと思った（S1） ・あそこにはとても勝てない／かなわない（O1、R1） ・あそこのやるようなことはしないと決めた（B1）	・参入時の「キャリア系（OCN、ODN、DION）」に対するS社、R社、J社の認識
・こちらから対抗しようがない（A1） ・打つ手がない（S1）	・キャリア系に電話とのパッケージ販売をされた時のS社、A社の認識
・やりたくてもできない、諦めた（J1、M1、R1）	・ADSLで攻勢を強める「キャリア系」に対するR社の認識
・そういうこと（投資）ができてうらやましかった（R1、M1、O1）	・参入時のD社に対するR社やM社の認識 ・withフレッツ陣営に対するO社の認識
・相手のやることは鵜の目鷹の目で追いかけた（B1） ・いつもうちの後ろから追いかけてくる（N1） ・B社はいつもN社のまねをしている（C1、N1）	・N社、C社に対するB社の認識
・どこも意識したことはない（G1、I1、D1） ・自社の思ったことだけをやってきた（I2）	・I社やG社の認識
・いまさらどこも気にならない（M1、R1）	・事実上の敗退以降のR社、M社の認識
・あちらはあちら、うちはうちで別（G1、G2、O1）	・吸収以降のO社とG社の認識
・うちの客を奪いに来たとは思わなかった（R1、M1）	・S社の参入に対するR社やM社の認識
・あそこは違うセクターだから（M1、R1）	・パソコン通信系参入（@nifty、BIGLOBE、ASAHIネット）に対するR社、M社の認識
・競争はありながらも、そこそこ共存はしていた（C1、N2）	・ダイヤルアクセス初期のC社の認識
・顧客の獲得競争をしながらも技術面などでそれなりの接点があった（J1、K1、S1）	・創成期のI社、J社、S社の認識
・競争はしていたが仲は悪くなかった／仲間みたいな気持ちもあった（B1、C1、N1、N2）	・A社、N社の互いに対する認識 ・ADSL後期以降のC社、B社、N社、S社それぞれの相手に対する認識
・NTT東日本に一緒にかけあって実現した（N2）	・光値上げ、withフレッツにおけるN社、B社、S社、C社、A社の認識
・あそこに負けるっていうことはない（N1）	・B社に対するN社の認識
・どうなのかなあと思って見ていた（N1）	・S社の若者・女性向け施策に対するN社の認識
・凋落した（C1）	・光接続以降のN社に対するC社の認識
・見る影もない、眼中にない（C1）	・戦略変更してからのK社や資本関係変化後のO社に対するC社の認識
・親会社からの制約がある（B1、N1、N2）	・B社、N社の認識
・グループ企業全体の動きが関係する（C1）	・C社の認識
・上位レイヤと下位レイヤのプレーヤーの脅威（B1、C1）	・Google、Amazon等へのB社、C社の認識

ぶものなどがあり、これらは多くの関係者の間で、長年にわたって了解されている。調査を行った 12 の ISP のうち 1 社を除き、経営者たちはグルーピングに関して何らかの発言をし、おのおのはいずれかのグループに属していると考えている。

本業界の関係者が最も頻繁に使用する分類は、自社通信設備の有無や事業開始の背景を根拠に、保有資源や得意とする能力の違いで経験的に分けられている。既述の通り「キャリア系」とは、事業のバックグラウンドが電気通信事業（一般的には電話事業と呼ばれる）で、通信回線をはじめ、事業に必要な設備をほぼすべて自前で保有するグループ、「メーカー系」とは、バックグラウンドとなる親会社の事業が、家電や電気通信機器などの製造販売であるグループを指し、「独立系」とは、インターネット接続事業を単独で創業し、事業を行っているグループを指す。これらのグループは、人によって呼び方や属するとされるグループが微妙に異なることもあり、グルーピングには多少の揺らぎがある。Reger & Huff（1993）が指摘するように、経営者の認識によるグルーピングは、完全に見解が一致することはない。観察事実として確認できることは、

① 経営者が、保有資源の違いによって自社および競合をグループ分けする行為が観察される。
② 経営者は複数のグルーピングをゼロサム的な存在ではなく、併存可能な存在と暗黙的にみなしている。

という 2 点である。

3-2. 戦略グループの存在

分析を先回りすることになるが、本業界には単なる経営者個人に趣味的に描かれただけのプレーヤーマップではないもの、すなわちコグニティブな戦略グループが存在していると考えられる実証的な示唆がある。

第一に、この業界の関係者が最もよく使用する「キャリア系」、「メーカー系」、「独立系」というグルーピングが、彼らの間で共同主観化された資源の共通性によるグループだという点である。この呼称は、参入当初から保有し

第4章　戦略グループ理論の発展　149

ている各社の資源を表している。ここで重要なのは、経営者たちは、「○○社は、○○系だからこういう行動を取る」、「××社は、××系なのでこういうことができる（できない）」という発言があることだ。経営者たちが、グループの違いは各社を特徴づける資源や能力の違いだと考えていることが示され、経営者の理解や意思決定に影響をおよぼしている様子が見られる。例えば、

「キャリア系は、電話とセットの料金設定ができるので強かった。他は正直打つ手がなくお手あげ」

「お役所仕事のキャリア系に、丁寧なサービスを提供する能力はない」

「メーカー系は、広告やブランディングが得意だから、そこをやる」

「メーカー系は、ずっとコンシューマー向けのマーケティングをやってきたことが活かせる」

「われわれ独立系は、技術でやっていく」

「独立系には資本がないので、そんなに大きな設備投資はできないし、やら

表4　ISP 業界で観察されるグループ呼称と特徴

グループの呼称	定義	特徴とされる保有資源や能力	本稿で対象となる ISP
キャリア系グループ	インターネット接続事業のバックグラウンドが、電気通信事業（一般的には電話事業と呼ばれる）であるグループ。通信回線をはじめ、接続事業に必要な設備は、ほぼすべてを自前で保有する。	・電話やインターネット接続に関する電気通信設備（通信回線） ・音声、データ通信に関する広範な電気通信技術	・OCN（NTT コミュニケーションズ） ・ODN（旧：日本テレコム） ・DION（KDDI）
メーカー系グループ	事業のバックグラウンドが、家電や電気通信機器の製造販売であるグループ。通信回線は保有せず、電話会社や電力会社などの電気通信事業者の設備を利用して接続事業を行う。	・パソコン通信時代やキャリア系 ISP が参入してくる前から蓄積してきた顧客ベース ・親会社の家電や IT 関連ビジネスにおける実績、ブランドイメージ、マーケティングノウハウ	・@nifty（富士通） ・BIGLOBE（NEC） ・So-net（SONY）
独立系グループ	インターネット接続事業を単独で創業し、事業を行っているグループ。自前の通信回線は保有せず、電話会社や電力会社などの電気通信設備を利用して接続事業を行う。	・ベンチャー気質にあふれる経営陣 ・インターネットビジネスに必要な IP 技術等関連技術	・Asahi net ・Yahoo!BB ・リムネット ・東京めたりっく ・DTI ・IIJ

ない」
といった発言がある。事例のグループが、経営者がインタビューに応じるための後付け説明ではないことは、約20年の間で各資源の競争力が変化するときに、参照行動の変化がデータ上で認められることでもわかる。

　3つのグループに関して、彼らの言葉で「強み」、「特徴」などと表現される資源や能力と、12社のISPがどのグループに属すると考えられているかを表4に示した。この分類と特徴が関係者間でほぼ共通に理解され日常的に使用されているということは、グルーピングが業界内で共同主観化されていることを意味する。

　第二の示唆は、行動の共通性によるコグニティブな戦略グループの存在である。事例では、競争関係があっても協調的な行動で、おのおのの利益の保全や、他の敵対的プレーヤーからの攻撃を防衛しようとする動きがある。一般的には、同じ顧客を取り合う程度が高いほど「競争は激しく戦争状態になる（Porter, 1980）」と言われるが、事例はこれとは異なる状況を現している。具体的には、数社による特定の企業に対する意識的な料金対抗や、広告事業を通じた相互送客、競争環境認識を共有する一部の企業による値上げ、ISP契約と光回線の利用契約事務を協働でワンストップ化した「with フレッツ」のエピソードなどである。それぞれの行動の運用は、各社のやり方に委ねられ、価格やサービス仕様、実施時期などにあらかじめ具体的に申し合わせられたものはない。会社間の約束事がない中で、結果として共通的な行動がとられていたというこれらの行動は、いわゆる談合や提携とは異なる。だが、少なくともこれらの協調的な行動を取る企業間には、ある特定の相手への強い敵対意識や、競争環境に対する共通理解が通底していたことが、インタビューからわかる。

　「競合だが仲間意識がある」、「競合だが同じ戦略をとった仲間」という一種の仲間性が観察されるときには、1対1のゼロサムの利害関係とは異なる集団的な関係性の認識が相互にある。厳しい競争環境の中では、競ってたたき合うだけが生き残りの方策ではないとわかっていたかのようである。この仲間性の認識を共有するグループの形成および戦略的行動に関しては、次項で「with フレッツ」という注目すべきエピソードを詳細に追い、さらなる

考察を行う。

3-3. 「with フレッツ」を通じた行動グループ

　共通的な戦略的行動とされるエピソードのうち、後に「with フレッツ」と呼ばれた、光アクセス利用に関する顧客との契約事務の共同ワンストップ化は、特定の「仲間グループ」が他にない利便的優位性を市場に示すことで、ある期間における競争優位性を確立することとなった事例である。

　話の起こりは 2005 年ごろである。日本では、制度的に電話事業を行う NTT 東西はインターネット接続事業を直接行うことができず、ISP とはビジネスが分離されている。このため当時、ユーザーが NTT の設置する光ファイバー回線（フレッツ網）を利用して、インターネット接続をしようとする場合、ユーザーは、ISP との契約とは別に NTT との間で通信回線の利用契約を締結し、回線を開通させなければならなかった。この一連の手続きは煩雑で、開通までの日数もかかるためユーザーからは不評であった。申し込みのワンストップ化とは、開通までのプロセスを ISP との手続き一回で済ますことができる新しい方法である。この方法を実施している ISP に申し込めば、インターネットを利用しようとするユーザーは、NTT と直接やり取りする必要がなくなり、手間が軽減される。顧客にとっては、面倒を感じることなく、早くインターネットの利用開始ができるという、他の ISP とのわかりやすい違いとなった。

　実現の背景には、「仲間」と呼びあう複数の ISP の交渉力の総和が「お堅い」、「役所的」と言われる NTT に、開通事務のやり方の変更を認めさせたことがある。インタビューでは、各社が光回線の提供元である NTT にそれぞれ交渉を行ったという話が出てくるが、ISP 各社間に実施についてのフォーマルな申し合わせはなく、発表日や開始日は各社で異なる。このことについては、「皆が、事務処理がワンストップになればいいと思っていた」、「皆でワーワーと、何とかしてくれよと NTT に言った」、「協力して落としどころを探った」という、共通の認識と行動を表すコメントがある。

　通信インフラを提供する側の NTT にとって、このやり方を受け入れるこ

とは監督官庁である総務省の理解を得る必要がありつつも、光回線による通信市場を拡大しようとする局面では、同社の回線を利用する新規ユーザーの呼び水となり得る[14]。NTT にとっては、「仲間 ISP」の合計顧客数の多さは、同社の光回線を利用する潜在顧客の数の多さである。それが NTT に対する交渉力となり、その「仲間 ISP」と、そうでない ISP との間には、ISP 側の市場における競争力の違いを作ることとなった。

　本来 NTT は、法律によって公平に役務提供することを義務付けられた規制会社であるため、後にこの方式は、他の ISP にも開放されることとなるが、リードタイムの間にこの「仲間グループ」には、先行者利得が強く働くことになった。静観姿勢を取ったり、仲間グループから強く競合するとみなされたりするなどの理由で、この行動にうまく乗れなかった ISP は、トップクラスの競争から脱落し、ある ISP は同じ資源グループの ISP からさえも「もう目（ライバル）ではない」と言われるまで凋落することとなったという。競争から脱落した側の ISP には、「あの仲間に入れてもらえなかったことが決定的だった」という発言がある。このグループの行動が一定の競争成果を発揮し、彼らはグループの外側にいるプレーヤーからも、ある競争力を持ったグループとして認知されることとなった。

　この with フレッツの「グループ」の経営者の間では、共通する競合への強い敵対意識や市場の競争環境に関する問題意識が通底しており、それらをベースにした仲間性の認識がある。ここでの「仲間」とは、具体的で共通的な行動を実行した実績がある相手のことを指しており、グルーピングは資源の違いにはよらないことが確認できる。

3-4.　参照行動の分析

・分析手順

　前項では先回りして、観察される事実からコグニティブな戦略グループについて考察をしたが、本項では参照行動のデータ分析を行う。参照行動とは、コグニティブな戦略グループの変化の前提的な行為となるものであり、資源グループによって参照行動には違いがあること、競争軸の経時的な変化に伴

い、参照行動も変化することを確認する。

データ分析は、戈木（2006）による個々のインタビュー発言を文脈によってタグ付け分類するグラウンデッド・セオリー・アプローチを基本にし、佐藤（2008）による方法をも参考にした。分析では、他社の戦略に言及する経営者の発言を、その時に参照行動が行われた証左とみなしている[15]。また、ある企業のことを特定のグループの代表的な存在として話している場合は、それをグループに対する参照行動とみなしている。分析手順は以下のとおりである。

① インタビューを原稿化し、回答者が戦略参照や自社の行動について話した部分をすべて抜き出す。回答者の言い回しは、極力原形のまま使用する。

② 発言を「その話題の時、主語（誰が）、目的語（誰を・何を）、述語（どう思った・どうした）」という文脈に分解する。「いつ、誰の、どういう行動を、どう考えた（競合の位置づけ）、どうした（競争的姿勢）」という文節を1つのレコードにし、第1章第2節で構造化しておいた分類をタグとしてつけられる状態にする（総発言数245レコード）。

③ 報道発表や公開資料から業界年表を作成し、競争環境が大きく異なる4時代（キャリア参入前、ダイヤルアクセス時代、ADSL時代、光アクセス時代）に区分する。

④ 各社のヒストリカルな記録と回答者が列挙したできごとを紐付けする。

⑤ 発言の分類例に示すように、個々のレコードに参照先、および構造化された競合相手の位置づけ認識と競争的姿勢のタグをつける。

【位置づけ認識タグ】敵対性、仲間性、無頓着（分類不能）

【競争的姿勢タグ】差異化的姿勢、同質化的姿勢、停止姿勢

【発言の分類例】

（例1）「＊＊（筆者注:他社名）にだけは負けるわけにいかない」、「＊＊に負けるということはない」→敵対性／差異化的姿勢

（例2）「鵜の目鷹の目で相手のやることを追いかけた」→敵対性／同質化的姿勢

（例3）「光のワンストップには仲間にも入れていただいた」→ 仲

間性／同質化的姿勢

（例4）「＊＊とも協力しつつ、サービス仕様は別」→仲間性／差異化的姿勢

（例5）「××系（筆者注：グループ名）でないISPには、打つ手がなかった」→敵対性／停止姿勢

（例6）「××系のことは顧客を奪いに来た敵だと思わない」→仲間性／停止姿勢

⑥　発言と4つの時代を対比させる。

⑦　グループ別、時代別にタグを集計する。

⑧　時代により操業ISPの数が異なるため、時代間の比較が行えるよう発言数を時代ごとに操業ISPの数で除し正規化を行う。

⑨　集計を元に、参照相手や参照の参照回数や変化などを確認する。

・分析結果と参照行動の考察

データ分析では、参照行動について以下のようなことがわかる。

▶　20年間通しては、どのグループも万遍なく自社や他社が属するグループを参照するが、グループにより量的な差がある。資源が異なるグループ間の参照行動は、相互に非対称で不均等かつ独立に行われる。ある時点だけを切り取ると、あたかもグループにより参照行動が異なるように見えるが、結果として長期的にはグループの違いによる参照先の偏りはない（図12）。

▶　参照行動の量は、独立系の参照行動が最多で、独立系≧メーカー系＞キャリア系の順になっている。特にキャリア系とそれ以外のグループとの間に大きな差がある。

▶　ある時点でどのグループを最もよく参照するかは、グループにより違いがある。戦略の参照は、相手が自分と同じ程度に自分を見ているとは限らず、グループ間の参照行動は不均等である。参入当初から大きな脅威と思われていたキャリア系は、操業前から注目されていた（図13）。

図12 グループの参照量と参照先（20年間）

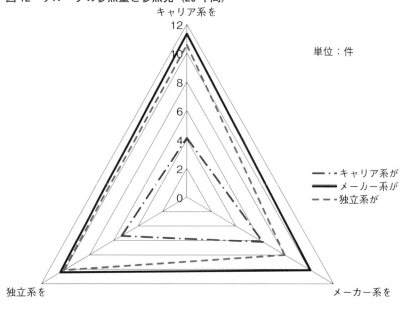

図13 各グループの参照先

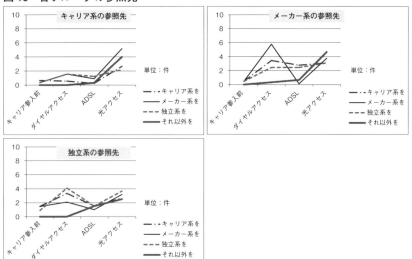

- ▶ 参照先には経時的な変化があり、メーカー系の変化が著しい。
- ▶ 技術による競争差異化が明らかに困難になった光アクセス時代には、どのグループも参照活動が活発化する。キャリア系は他に比べ参照回数が少ない傾向があるが、光アクセス時代になるとどの参照先に対しても格段に参照回数が増えている（図13）。
- ▶ 光アクセス時代にはどのグループも、異なる事業から参入し収益性を脅かし始めた事業者への参照が活発化する。具体的には、検索サイト、イーコマースなど、接続とは異なる事業で成長している事業者への参照が急激に活発化していた（図13）。
- ▶ 参照行動を通じて相手をライバルとみなす程度には差がある。競合の位置づけ認識に関する発言のうち49.1％が「敵対性」、36.3％が「仲間性」の認識を示す（14.6％は分類不能）。また、特に意識する相手を有さないとする場合があり、経営者は常にプレーヤーについて位置づけをするとは限らない（表5）。

　次に、インタビューを通して記述された内容と合わせて、資源グループ別に参照行動を具体的に見てみよう。

■キャリア系の参照行動
　キャリア系の参照行動の量は、20年間通じて他のグループに比べて非常に少ない。特にアクセスポイントの数が競争力になるダイヤルアクセス時代や、電話料金とセットでメリットを見せられた時代には、彼らが「格上の競合」と考える相手はなく静観姿勢が強い。経営者らは、自社通信設備は他の競争相手との違いを作る資源障壁として十分機能すると考え、競合の脅威を感じていなかった。このとき他のグループは、キャリア系を「格上の競合」と認識をしている（図14）。
　ADSL時代以降は、ど

表5　競合に対する認識（全発言に対する比率）

	敵対性	仲間性	無頓着
キャリア参入前	4.9％	5.7％	1.0％
ダイヤルアクセス	18.9％	8.4％	7.9％
ADSL	12.2％	2.1％	2.8％
光アクセス	13.1％	20.0％	3.0％
合計	49.1％	36.3％	14.6％

図14　競合の位置づけの認識および変化

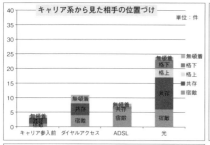
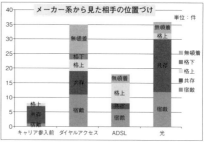
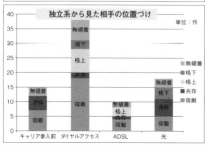

のISPも通信キャリアの設備を利用する。このため、自社で大きな投資をしてアクセスポイントや通信設備を保有することが、以前ほど強力な競争力の源泉ではなくなった。またモバイル端末に代表されるように、固定パソコン以外の利用形態が普及する一方で、ISP各社がサービス差異化のために有料で提供していた付加機能的なサービス[16]を、OTT（Over the Top）などと呼ばれる新たな事業者が無料で提供するようになった。代表的なプレーヤーとして、急速に勢いを伸ばし始めたGoogleがある。このころから、キャリア系は俄然他社を観察し始めるようになった（図13）。

　キャリア系が他にとって以前ほど強者ではなくなったことを裏打ちするように、光アクセス時代には他グループのISPはキャリア系を「格上」とは認識しなくなり、逆にキャリア系ISPには他のグループを「格上」と位置づける認識が現れた。彼らの強い静観姿勢にも変化が現れ、メーカー系の先導する行動に関心を示すようになっていった。その中で最も静観姿勢が強く、結果的に他社との協調行動もうまく取れなかったキャリア系ISPはトップ

レベルの競争から脱落し、結果的に他から「目ではない」と言われるまでになった。

■メーカー系の参照行動

　総じて最も参照行動が活発であったのは、このグループである。経営者たちは、メーカー系の特徴的資源は、パソコン通信時代から蓄積した顧客、親会社の家電やIT関連事業の実績、ブランド、マーケティングノウハウだと考えていた。しかしこれらはインフラ型資産と異なり多くは無形で、移り気な顧客の前ではあっという間に支持を失ったり、価値を失ってしまったりする弱さを併せ持った資源でもある。経営者には、積極的な動きを見せる競合の脅威が常につきまとっていたと思われ、参照行動は目立つ動きをするプレーヤーに対して敏感にならざるを得ない。メーカー系の参照行動が時代により大きく形を変えるのは、競争環境の変化に対して参照先が著しく変化することを示している（図15）。参入時に世の中の耳目を集めたYahoo!BBが属する独立系や[17]、電話料金とのセットキャンペーンを展開したキャリア系など、その時々で特徴的な行動をするグループに意識が盛んに集中したことは偶然ではないだろう。

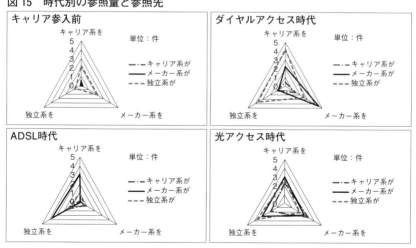

図15　時代別の参照量と参照先

機敏という意味では、このグループに属する ISP には他に先駆けて違い
を作りだそうとする傾向がある。コンシューマー向けのマーケティングを得
意とするメーカー系 ISP は、先行的に定額制などの新料金体系の導入やコ
ンテンツの拡充をし、派手なブランドイメージの構築を展開するなど、顧客
の目にとまりやすい施策を次々と展開した。

　得意なマーケティングのパターンを活かしたわかりやすい違いが作りにく
くなった光アクセス時代に入ると、メーカー系 ISP は参照行動を変化させ
る。3つのグループへの参照バランスにいびつさがなくなり（図14）、ISP
以外のプレーヤーへの参照も増えた（図12）。この時代には、これまでの敵
対的な差異化意識とは異なる共存意識がグループ間に芽生え、メーカー系
ISP が率先して他社との協調的な行動を起こしていった。協調的な動きを具
体的に仕掛け、他に積極的に働きかける役割を果たしたのは常に、メーカー
系に属するいずれかの ISP であった。

■独立系の参照行動

　独立系 ISP の資源は、技術力のある人材とベンチャー気質にあふれる経
営陣の事業推進力だと業界では考えられている。これは極めて流動的で抽象
度が高い無形資源である。人材の流動性が比較的高いこの業界では、特に独
立系の経営者は常に業界内での自社の位置を意識し続ける必要がある。基本
的に自社で通信設備を保有しないのはメーカー系と同じだが、Yahoo!BB を
除けばこのグループに属する ISP には資金や事業面で、濃厚な関係のある
強い親会社がなく、既存の資源障壁の内側に留まりながら優位性を保つ戦略
は採用しにくい。このグループには常態的な参照回数の多さと3グループへ
の全方位参照という特徴がある（図12）。独立系の競争方針は、最初に大き
な資金を投下して他社に先行しようとするメーカー系とは異なり、他社に追
随して小さな違いを作ろうとする傾向が強い。「そういうやり方（筆者注：最
初に大きな投資をすること）は僕らにはできない」、「プライステーカーにはな
らずに、少しずつ他社の料金をくぐる格好で設定する」というような発言は
独立系に特有である。また他のグループと異なり、グループ外への参照も早
い段階から始まっている（図13）。

160

ダイヤルアクセス時代の後半や、ADSL サービスの開始によって優勝劣敗の競争が激化したとき、真っ先にこのグループに敗色濃厚となった ISP が現れた。当事者の間では、敗因は資金調達の失敗だけでなく、戦況不良と見た優秀な人材が他社に流出し、技術力や経営能力が加速度的に減衰したことが、敗退を決定づける要因の一端だったと考えられている。生き残りに成功した独立系 ISP には、当初からの参照行動の活発さに加え、メーカー系 ISP が先導する協調行動への積極的な参加や、技術力を生かした周辺ビジネスの拡張などにより、経営強化を目指す行動があった。

　参照行動そのものは競争ではないため、各社に参照行動を差異化する動機はない。ある切り取られた一時点において、資源グループの参照行動が異なるように見えるのは、それぞれの資源の違いが、参照行動に影響を与えているためである。ある時点での参照行動の活発さや参照先の違いは、経営者が考える現在の資源障壁の高さ、すなわち競争優位に資することができると思う確信の強さによると考えられる。自社を特徴づける資源の競争力が他よりも強いと考えている間は、企業の参照行動は鈍く、自社より他に競争力が強い資源を持つグループがあると考えるときの参照活動は、相対的に活発になる。やがて主軸となる技術やサービスに変化が起こり、経営者が保有資源の競争力が弱まってきたと感じるようになると、その時点での契約顧客数などの業界内の相対的な位置に関わらず、参照行動は活発化する。この時、参照活動の量や参照先だけでなく、参照相手が自分にとってどういう相手なのかという位置づけの認識も変化する。

　ある参照先が自社にとってどういうライバルなのかという位置づけの認識は、時代により変化することがある。表 6 は競争軸の変化につれて、ある ISP が他社に対する認識をどう変化させたかを示したものである。もちろんどんなに時代が変わろうとも、ずっと激しく敵対し続ける相手だと認識されるライバルもあるが、例えば表 6 に取り上げたある ISP（N 社）の A 社に対する位置づけの認識は、「共存→無頓着→共存→宿敵→共存」、Y 社に対しては「共存→無頓着→共存→宿敵」という具合に変化をしている。他の ISP でも同様に、それぞれに相手の見かたに対する変化が認められる。

表6　N社からみた各社に対する認識変化

		A社	Y社	B社	C社	Z社	D社	F社	G社	H社	X社	I社	J社
キャリア参入前	キャリア参入前	—	—	—	—	—	敵対性(格下)	仲間性(共存)	仲間性(共存)	仲間性(共存)	仲間性(共存)	仲間性(共存)	仲間性(共存)
ダイヤルアクセス	従量制ダイヤルアクセス	仲間性(共存)	仲間性(共存)	仲間性(共存)	仲間性(共存)	—	敵対性(格下)	仲間性(共存)	仲間性(共存)	仲間性(共存)	仲間性(共存)	仲間性(共存)	仲間性(共存)
	定額制ダイヤルアクセス	無頓着	無頓着	無頓着	無頓着	—	無頓着	無頓着	無頓着	無頓着	無頓着	無頓着	無頓着
ADSL	ADSL初期	仲間性(共存)	仲間性(共存)	敵対性(宿敵)	敵対性(宿敵)	敵対性(宿敵)	敵対性(格下)	仲間性(共存)	仲間性(共存)	言及なし(敗退)	言及なし(敗退)	言及なし(敗退)	言及なし(移動)
	ADSL後期	敵対性(宿敵)	仲間性(共存)	敵対性(宿敵)	敵対性(宿敵)	敵対性(宿敵)	敵対性(格下)	仲間性(共存)	仲間性(共存)	言及なし(敗退)	言及なし(敗退)	言及なし(敗退)	言及なし(移動)
光アクセス	光アクセス初期	仲間性(共存)	敵対性(宿敵)	敵対性(格下)	敵対性(格下)	敵対性(宿敵)	仲間性(共存)	仲間性(共存)	仲間性(共存)	言及なし(敗退)	言及なし(敗退)	言及なし(敗退)	言及なし(移動)
	withフレッツ期	仲間性(共存)	敵対性(宿敵)	敵対性(格下)	敵対性(格下)	敵対性(宿敵)	仲間性(共存)	仲間性(共存)	仲間性(共存)	言及なし(敗退)	言及なし(敗退)	言及なし(敗退)	言及なし(移動)

他社戦略の参照行動についてまとめると、

①　経営者は、他社の戦略的行動を参照しながら位置づけ認識をしているが、互いの認識には非対称性がある。

②　位置づけの認識を持つ範囲は、どの資源グループに属しているかでは制約されない。

③　経営者は、グループを特徴づける資源の競争力には違いがあると考えるため、参照行動にはグループによる違いが出る。

④　相対的に劣位にあると考えられている資源のグループは、参照行動が相対的に活発で、優位にあると考えられている資源のグループでは、参照行動は不活発である。

⑤　自社グループを特徴づける資源の競争力が低下してきたと経営者が考える時に、参照行動は活発化する。

ということである。

3-5.　戦略グループの形成と参照行動

業界内にコグニティブな戦略グループが存在したとしても、それぞれが他のグループに関心がなく相互に接触することもなければ、グループ間の相互作用が喚起されることはない。また自社の外に関心が湧くのは、業界が無風

状態のときよりは、環境や他社の動きにざわつきを感じるときであろうし、変化が決定的になった後というよりは、変化の兆候を感じ始めるあたりからだろう。そのような中で参照行動が活発化することは、新たな戦略グループが生まれる契機となる。それは業界の地殻変動の始まりといってもいい。新たなグループ形成の背後には、伏線として積極的な他社戦略の参照行動がある。メーカー系 ISP の参照行動は、３つの資源グループの中で最も積極的であり、その動きは外部者の目にもとまりやすかった。地殻変動の兆しの中にあるチャンスを現実のものにしていく力があるのは、戦略的行動までの動きが機敏なプレーヤーやグループである。メーカー系 ISP グループの行動を中心に、新たなコグニティブなグループが生まれるプロセスについて１つの考え方を示していく。

　メーカー系 ISP は、コンシューマー向けのマーケティングを得意とし、他社に先駆けてユニークな料金設定やサービスメニューを投入することで顧客基盤を拡大してきたグループである。ADSL 時代以降は、どの ISP も通信キャリアが提供する回線を使用することとなったために、通信品質による差異化はほとんど意味がなくなった。互いに差異化が困難になり、自分たちが得意とするマーケティングが奏功しにくくなったと見るや、持前の機敏さは率先して他に協調的な行動を働きかける方向にも働いた。他の資源グループに属する ISP の、「業界の長老に引っ張られてアクションを取った」、「仲間に入れていただいた」といった発言は、保有する資源が異なっていても、彼らの働きかけに乗る形で他社が共通的な行動を起こすことがあったことを示している。ネット広告による相互送客や「with フレッツ」のような行動を経験していく中で、それまでとは異なる仲間的な認識が生まれ、新たな行動ベースのグループが徐々にできあがっていった。

　このような仲間性のあるグループの中に入ることは、相手を徹底的にたたくような苛烈な競争関係ではなく、ある程度の共存を認め、時として相手の顧客が増えることにもなる行動を取ることを意味している。事例中の行動は、強く競合すると認識する相手に対して、何とかして優位に立とうという意図による行動であり、同質化を意図したものではなかった。取るか取られるかの１対１のゼロサムとは異なる競争認識に基づく、集団的な競争行動である。

興味深いのは、この仲間意識のあるグループはいっぺんにでき上がったのではなく、一発勝負の行動でもないことである。仲間として承認する対象が絞り込まれて確定していくまでには、それなりの行動のくり返しによる経緯と時間がかかっていた。

　資源による差異化が困難と認識されたときから、各社の参照行動には他社の戦略観察と位置づけという意味以外に、生き残りの方策をともに実現できる仲間の探索という意味合いが加わっていったと考えられる。各社のインタビューの節々では、「最初は仲間と思ったが、結局はそうならなかった」、「途中で離れて行った」、「いつの間にか、何となく一緒に行動を取ることになった」という、さまざまな経緯を示す表現がある。また共通的な行動は成果があったものばかりではなく、中にはうまくいかずに立ち消えのようになったものもあるという。仲間グループのメンバーが誰であるかの認識は、いくつかの経験を経ながら最終的に「ここと、ここは裏切らない」、「この ISP とは、ある程度は信用して付き合う」という、ある一定のメンバーに収束していった。このことから仲間性の認識とグループのメンバーシップは、何度かの行動の繰り返しや試行錯誤の中で徐々に形成されていったことがわかる。

　この仲間性の認識を持ったメンバーシップは、提携やパートナリングというフォーマルな企業関係とは異なる点がある。彼らは最初から意図して結束的に集合するのではなく、それぞれに「誰がやろうと言い出したわけではないが」、「約束をしたわけではないが」などと言いながら、相互接触の繰り返しの中で徐々に仲間性を認め合うようになっていく。発生は創発的で、「同じ戦略を取った」という事実と認識が時間性を伴って相互に定着していく点が、契約や覚書による提携やパートナリングとは異なる。仲間性の認識は、ある実体的な行動のプロセスを通じて醸成され、仲間とは何らかの行動事実を伴う相手を指す。彼らがここで言う戦略とは、事業のバックグラウンドや保有資源の類似性ではなく、目に見える実行された行動を指している。このことから、このとき新たな行動ベースのコグニティブな戦略グループ（行動グループ）が形成されたと考えることができる。

　参照行動の活発さと、コグニティブなグループの変化のプロセスの間には、時間的な順番性がある。事例における経営者たちのグループ認識や行動の変

図16 参照行動とコグニティブな戦略グループ変化の時間的関係性

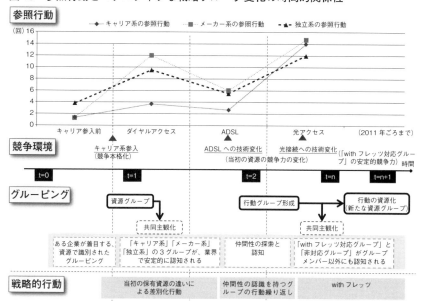

化と、参照行動の分析を突き合わせると、両者の変化の関係性を示すことができる。図16の上段は、各資源グループの参照行動の回数を4つの異なる競争環境の時代ごとに示したものである。中段および下段は、コグニティブなグルーピングと実行された戦略的行動を時間軸で表している。t=0からt=n+1までの時間軸は、「資源」-「行動」-「行動の資源化」というプロセスが進むタイミングを表している。行動の資源化とは、ある行動を繰り返すことが新たな競争力の源泉としてグループ内に蓄積され、次第に特有の資源や能力となっていくことを指している。

業界の創成期（t=0）から分析対象期間終盤の2011年ごろ（t=n+1）までの約20年の間に、大きくは2回参照行動が活発化した時期がある。最初はキャリア系ISPが次々と参入して顧客獲得競争が本格化したとき、2回目は市場の飽和と主力サービスの変化により、当初の保有資源による競争差異化が困難になっていった時期、すなわちADSLから光アクセスにかかる時代である。いずれも競争優位性をもたらすと前提される資源が変わる環境変

第4章 戦略グループ理論の発展 | 165

化のときであった。

　図 16 の中段は、資源と行動のグループ認識の形成および、それが業界内
で共同主観化していく流れを表す。ここでは競争環境のターニングポイント
（▲印）に少し遅れて新たなグループ認識が形成され、それが共同主観化さ
れていく過程が示されている。

　当初の保有資源により差異化が図られ当事者たちが資源の優位性が効いて
いると考えていたダイヤルアクセス時代から ADSL に入るまで（t=1 から
t=2 の前まで）の参照行動は、各グループとも比較的落ち着いた傾向にあり、
共同主観化された当初の資源グループは安定していた。保有資源の競争力に
変化が現れるとき、参照行動の活発化に続いてコグニティブな戦略グループ
のあり方にも変化が起こる。

3-6.　行動の資源化と戦略グループの変化のプロセス

　「with フレッツ」の事例は、行動の資源化の事例である。行動と資源化さ
れた行動の意味的な境界は、ある行動が 1 回きりのアドホックなアクション
ではなく、繰り返し性や時間的な継続性を持っているかどうかや、その行動
パターンがある程度の期間、競争力を維持することにつながっているかどう
かにある。資源化された行動は、一定の期間安定性があり、一部の仲間内で
認識されるだけでなく、競合する多数のプレーヤーにも広く認知される。事
例は本業界に競争的に優位な「with フレッツ対応グループ」（A 社, B 社, C 社,
N 社, S 社）と、「非 with フレッツ対応グループ」（G 社, O 社, K 社）に分けら
れる[18]という共同主観があったことを示している。

　一方で新たなグループ認識の出現は、当初に存在した資源グループを駆逐
したり、置き換えたりすることを意味しない。経営者がある時点より後の競
争関係や、主要な戦略を論じるのに、そのグルーピングを用いることが極端
に少なくなるというだけで、記憶の中には従来のグルーピングもある程度は
残り続ける。コグニティブな戦略グループの多重的な性質は、このような所
に現れる。

　行動の資源化と競争優位性獲得のプロセスと事例との対応は、以下のよう

な時系列となる（図16下段）。

▶ t=0 & t=1：業界内に、各プレーヤーを資源の違いでグルーピングするコグニション（「キャリア系」、「メーカー系」、「独立系」）が共同主観化しており、プレーヤーはそれぞれ他社戦略の参照をしている。

▶ t=2：仲間性の認識を有し、強く競合する相手との差異化を図ろうとするプレーヤーが、仲間的な認識を持ちながら共通的な行動を繰り返し、数度目には「with フレッツ」を手段にした行動をとる。

▶ t=n：「with フレッツ対応グループ」と「非対応グループ」の存在が業界内で認知される。

▶ t=n+1：仲間性を有するグループであることが共通の優位資源となり、顧客獲得に安定的に優位に働く。

　アカデミックの世界で長らく議論となっていたコグニティブな戦略グループについて、事例はある業界にはコグニティブな資源グループと行動グループが存在していることと、それが経時的に変化することを例証している。

　経営者は、設備や人材、ブランドなど、企業の競争力を特徴づける特定の資源によって、自社や競合をグルーピングする。ある業界には、資源と行動という異なる戦略次元を分類基準とする戦略グループが存在し、両者には形成プロセスの中で相互関係がある。また時間と競争の推移につれて新たな戦略グループが形成されることがあり、そのことは競争力や市場の競争環境にも影響を与えるが、戦略グループはアプリオリに存在する固定的なものではない。

　競争環境に変化が起こり、参照行動を通じて保有資源の競争力の変化が認識されると、資源と行動のコグニティブな戦略グループに変化がおこる。事例では、行動に共通性を持つコグニティブなグループによる行動の繰り返し性によって、新たな資源グループが生み出されることが示されている。

　グループによって保有する資源の競争力が異なると認識されているとき、グループ間の参照行動は非対称である。事例ではこのとき、「より強力と思えるグループが保有している資源を自社でも取得して、グループを乗り換え

第4章　戦略グループ理論の発展　｜　167

よう」ということを、誰も考えてはいなかった。このことは、当初の資源が相当に高い競争上の障壁として認識され、ある一定の期間コグニティブな戦略グループの境界となっていたことを示している。

資源の競争力に対する認識が変化すると、参照行動が変化する。それだけではなく、認識の変化が仲間性の探索や協調的な行動の呼び水になるなど、参照行動の意味合いは単に相手を観察するという行動とは異なるものに変化する。コグニティブな戦略グループの存在と参照行動および、資源と行動の戦略グループの形成プロセスには、以下のような関係性がある。

■コグニティブな資源グループの形成
① 経営者はある特定の資源の有無に着目して、自社および競合をグルーピングしている。
② 資源に着目したグルーピング認識がベースになり、経営者は保有資源がある行為を可能にしたり制約したりすると考える。「各グループには、できることとできないこと、得意なことと不得意なことがある」との理解を持つ。
③ ある複数の企業の共通的な行動が資源化し、共同主観化することによって、新たな資源グループが形成される。

■コグニティブな行動グループの形成
① 参照行動がきっかけとなって、徐々に当面の共存を認め仲間性の認識を共有するグループが形成される。
② この認識を共有するグループが、共通性のある戦略的な行動を取る。このとき各社の間には契約や実施の約束事などはなく、フォーマリティーのある企業間関係とは異なる。
③ 上記の行動が数度にわたる間に「仲間」と認識される企業が数社に収束し、資源の共通性とは異なる行動ベースのグループ認識の形成が進む。
④ あるグループの共通的な行動が市場で競争優位性を発揮すると、他の「仲間ではない」プレーヤーからも、競争力を持つグループとして認知される（行動グループ）。

今回のインタビューではどの経営者も、必ずしも他社を「ライバルかライバルでないか」の二元では位置づけないことがわかる。また、戦略グループとは競合企業同士の固定的で単純な線引きの問題ではなく、資源と行動という異なる戦略次元の影響を相互に受ける、動的な存在であることがわかる。コグニティブな戦略グループは、分析ツールを用いて人為的に計算された虚構とは異なり、現実への影響力を持ちつつ当事者の心理のうちに実在する構造物なのである。

本研究の事例だけではどの業界にも必ずコグニティブな戦略グループが存在するとは言えない。またすべての戦略が参照行動の影響によって実行されるとも限らない。これらは本研究の限界ではあるが、少なくとも「戦略グループは分析ツールによる便宜的で人為的な分類に過ぎない」とか、「存在しない」、「戦略グループは静的なスナップショットに過ぎない」という主張には対抗することができると考えられる。

(注)

（ 1 ） March, J.G. and H.A. Simon（1993）*Organizations*, 2nd Edition, Wiley-Blackwell.（高橋伸夫訳『オーガニゼーションズ　第二版―現代組織論の原典』ダイヤモンド社、2014 年）Cyert, R.M. and J.G. March（1992）*A Behavioral Theory of the Firm*, 2nd Edition, Wiley-Blackwell.（ダイヤモンドハーバードビジネスレビュー 2015 年 10 月号の入山によるサマリー記事も参照）

（ 2 ） 加護野（1988）p.3。

（ 3 ） 加護野（1988）p.237。

（ 4 ） 加護野（1988）p.115。

（ 5 ） 高橋（2010）pp.30-38。

（ 6 ） 加護野（1988）p.101。

（ 7 ） Peteraf and Shanley（1997）は、戦略グループの収益性への貢献はコスト効率性による間接的なものだと考えている。

（ 8 ） 企業が競争行動を始めたことにより、競合相手がそれに反応して行動を起こすこと（邦訳 p.204）。

（ 9 ） 参照することと模倣することは同義ではなく、他社の戦略を参照した結果、異なる戦略行動の採用を決定することもあり得る。

（10） Mutually Exclusive and Collectively.「もれなく、重複もない状態」の意。

（11） 社団法人日本インターネットプロバイダー協会。

（12） 両社のサービスの概要および通信設備の構成は、インタビュー当時のもの。

(13) 匿名性担保のため、発言者および社名は英数記号で表されている。

(14) インタビューによれば、交渉先は NTT の制度設計を行う部署ではなく、NTT 光回線の普及促進をミッションとする部署を選定し、NTT にとってのメリットを説いて交渉を行ったとされる。

(15) 本インタビュー中に発言がなくても行われた参照行動があった可能性はあるが、それは捕捉不能である。発言にのぼらないものは、戦略的行動には結びついていなかったとみなしている。

(16) メールやブログ、有料コンテンツ、写真共有、ストレージなど。

(17) 業界参入時のソフトバンクは社内外から「独立系」と見られており、通信キャリアとしてのポジションを確立した現在でもその認識傾向は残っている。

(18) 調査対象のうち I 社、R 社、M 社、J 社は、この時点ではすでに競争退出している。

終章

コグニティブ戦略グループ論の
総括と展望

1 一般化された命題の提示

　これまでのコグニティブな戦略グループ論者たちは、戦略グループを「当事者たちが強く競合し合っていると考える企業のグループ分け（Porac, et al., 1989）」と考え、それはある程度業界内で共通認識化したものでもある（Reger and Huff, 1993）と考えてきた。しかしそれが企業の行動にどう影響するのかということの解明が進まないために、コグニティブな戦略グループの存在にはあいまいさがあった。コグニティブな戦略グループは、経営者が自由に描くプレーヤーマップとも社会学的所属集団とも異なり、競争上の主要な意思決定や、行動に違いをもたらすグルーピングである。国内の ISP 業界の事例によって、コグニティブな戦略グループの存在には一定の根拠があることと、コグニティブな戦略グループは、他社戦略の参照行動の変化を伴いながら変化していくことを確認した。

　経営者の心の中にコグニティブな戦略グループがあることは、異なる資源を擁するプレーヤーがいる業界に、どのように向き合いながら戦略行動を取るべきかの示唆を得ることにつながる。相対的に競争劣位の企業が、模倣や追随のために他社の行動を参照するという発想は容易である。しかしコグニティブな戦略グループの意味は、そうした企業単独の個別の知恵に留まらない。行動グループが意思決定者の視界に入ってくることは、現実への介入を

通じて戦略グループに業界の競争構造を変化させる力があることを示すことにもなる。コグニティブな戦略グループは、変化を伴う競争環境の中でより存在感を増すのである。事業経営に関わる人々が安閑としていられないのは、自分の認識や行動が変化のメカニズムの中に投企[1]されており、意識していようがいまいがメカニズムの駆動に一役も二役も買っているからだと言うこともできる。

　資源と行動の相互作用による戦略グループの変化のメカニズムを知っておくことは、業界の構造を動的・俯瞰的に捉える必要がある者にとって意味が大きい。資源と行動という異なる戦略次元の戦略グループは、存在としては独立でありながらも、参照行動を仲立ちにして相互に作用しあう性質を持ち、半独立的な関係性を有する。ある戦略グループは、他社との相互接触および時間的な経緯を経て業界内で共同主観化され、その存在は一人の経営者の内心にとどまらない。

　研究のまとめとして、この資源と行動の相互作用による戦略グループの変化のプロセスについて一般化された命題およびモデルの提示をする。

■コグニティブな戦略グループの存在に関する命題
　命題1（コグニティブな資源グループ）：経営者の心中には、資源の共通性で競合を識別したグルーピング、すなわちコグニティブな資源グループが存在する。
　　　・経営者は、競争優位性や競合との違いを作り出すのに有効だと考える
　　　特定の資源を想定し、その資源の共通性で業界内の企業をグルーピング
　　　しながら現在の競争環境を理解する。経営者は、着目している資源が企
　　　業の競争力を特徴づけ、移動や模倣の障壁として機能すると考える。
■コグニティブな戦略グループと参照行動に関する命題
　命題2（コグニティブな資源グループの参照行動）：グループ間の保有資源が大きく異なるとき、各グループへの戦略参照は互いに不均等に行われ、コグニティブな資源グループは、他社戦略の参照行動の違いに影響する。
　　　・各経営者が認識するそれぞれの資源障壁の高さには違いがあり、その
　　　競争力に関する認識の違いから、各グループへの参照は不均等になる。

命題 3（参照点としての戦略グループ）：経営者は、参照行動を通じて、競合しながらも仲間性を見出す企業とそうでない企業とを識別する。

　・競合に対する位置づけの認識には、敵対的に強く競合するか当面の共存を許容するかについて程度の差があり、それが企業の行動パターンに影響する。

■コグニティブな戦略グループの変化に関する命題

命題 4（行動ベースの戦略グループの形成）：仲間性の認識は、保有資源に関わらず獲得され、共通的かつ協調的な行動を起こすコグニティブな行動グループを形成し、その他の強く競合する企業との違いを作り出す行動を起こす。

命題 5（新たな資源ベースの戦略グループ）：行動グループのパフォーマンスが市場で顕在化し、ある程度の期間持続的な競争力を発揮したとき、そのグループは新たな資源を有する戦略グループとして業界内で認知され、共同主観として安定化する。

コグニティブな戦略グループの経時的な変化のモデルは次のようになる（図 17）。

▶ （t=0）：企業がある安定期に競争資源に着目しながらプレーヤーを分類するとき、そのグループとは移動障壁となる資源による「資源ベースのコグニティブな戦略グループ（資源グループ）」のことを指している。

▶ （t=1）：このグルーピングは業界内で競合に関する情報が流通することで共同主観化が進む。

▶ （t=2）：競争力を生み出すと考えられる資源や環境が変化する業界ではやがて、当初の資源グループの境界を越えて仲間性を認め合い、協調的に競争行動を起こすことを企図する「行動ベースのコグニティブな戦略グループ（行動グループ）」が新たに生まれる。

▶ （t=2）〜（t=n）：参照相手を競合と考えるかどうかには、連続的段階性（Reger & Huff, 1993）があり、メンバー間のパーセプションの共有とグループ認識の形成は、相互の参照行動を通じてある程度の

終章　コグニティブ戦略グループ論の総括と展望　│　173

図17　ある企業からみたコグニティブ戦略グループの変化と共同主観化

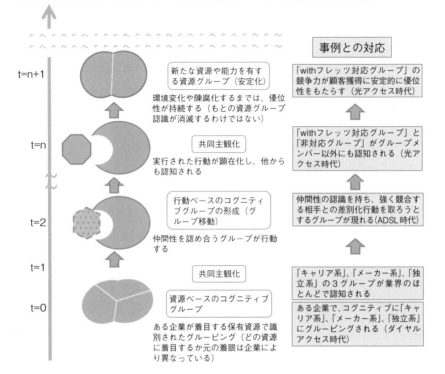

時間をかけて進行する。

▶ (t=n)：行動グループが協調的にその他の競合への差異化行動を繰り返すうちに、実行された行動が市場で存在感やパフォーマンスを顕在的に発揮すれば、グループは仲間内だけでなくグループ外のプレーヤーからも、ある一定の競争力を有したグループとして認知される。

▶ (t=n+1)：このグループによる競争力が一過性でなく、ある程度の期間持続すれば、新たな持続的競争力となる資源を有する資源グループとして、業界内で安定化していく。

図17は当初の資源グループ以外に行動グループが現れ、さらに新たな資

源グループが形成されていく過程を模式的に表し、事例との対応を示している。ISP が当初から保有していた資源の共通性による、3 つの資源グループと共同主観化の進行、資源グループをまたがり市場で競争力を発揮しようとした行動グループの登場、行動グループによる一定の行動パターンによって獲得された新たな競争資源（with フレッツ）を持つグループの安定化とその共同主観化というプロセスである。このような模式の繰り返しにより、資源と行動の相互作用が結果的に業界の競争の構図を塗り替えていくと考えられる。

2 | 本研究の理論的貢献

以下に本研究の理論的貢献を示す。

まず、経営者の心中には、資源や行動の共通性によるコグニティブなグルーピングがあり、それが時につれて変化することを確認したことは、戦略グループの成立過程の考察に役立つ。資源の分布が大きく異なる業界で企業が同じ顧客を取り合う状況下では、資源グループの内外に参照対象が存在し、新たな脅威が現れれば参照の範囲や対象はさらに広がる。例えば、それは新興の個別プレーヤーで、初めはグループというまとまった形をしていないかもしれない。しかしやがてそのようなプレーヤーが共通に有する、新たな優位性の要因について業界内で理解が確立すれば、彼らもまたある特徴的な資源や能力を持った 1 つの戦略グループとして識別されることになる。

第二に、戦略グループ論は、静的で変化の少ない市場でしか意味を持たないのではないかという従来の批判に対し、本研究は、経営者のコグニションを背景にしたグルーピングが、変化する競争環境の中で企業の戦略的行動に対する影響力を発揮することを示した。すでに述べたとおり、コグニティブな戦略グループは、戦略次元の数や経営者の解釈によって複数存在し得る。このために主観主義的な戦略グループは、存在や関係性がわかりにくくなるのだと思われるが、それは本研究が提示する命題やモデルの本質を損なうことではない。むしろ戦略グループの存在の多重性という性質からは、図 17 で表した戦略グループの模式構造自体も、理論的には重層的に存在し得るの

終章　コグニティブ戦略グループ論の総括と展望 ｜ 175

だということを主張しておくべきだろう。

第三の貢献は、戦略グループ論の資源ベース論的な発展である。資源ベース戦略論には「経営資源が競争優位を決定するとしても、価値ある資源が何であったかを事後的に説明しているにすぎない」という批判がある（Priem & Butler, 2001）。これに対して、保有資源についての経営者のその時々の認識が企業の行動に影響を与えると考えることは、資源ベース戦略論は、物ごとの後づけ説明をしているのではないとの主張を補強する意味を持つ。意思決定や戦略の実行には個別の事情や攪乱要因が働くことがあるため、個々の企業単位で見ればどのグループに属したとしても生き残れない可能性はあるが、資源とコグニティブな戦略グループおよびパフォーマンスとの関係性については、さらに踏み込んだ研究を行う意義があると考えられる。

3 実務的なインプリケーション

コグニティブな戦略グループ論には、実務的なインプリケーションもある。本書がなぜここまで経営者のコグニションにこだわるのかといえば、それが企業の持続的な競争優位性の源泉になると考えられるからである。戦略策定の局面において、数理統計的に算出可能なオプションの羅列は、それがいくら大きなデータベースを元にしていても、究極的にはおそらく本質的な意味での差異化やクリエイティビティーをもたらさない。なぜなら保有資源の類似性が高く、計算能力が同等であれば、競合相手も同じ解にたどり着いてしまうからだ。また、もしかしたらそれほど遠くない将来には、生身の人間の情報処理能力をはるかに超えた人工知能のようなものが、経営に必要な役割の一端を担うようになるのかもしれない。そのとき認知限界があり体力的にも限界がある人間は、計画的タスクを休みなくミスなく処理し続けることだけが求められる土俵では、同等の役割能力を競うことはできない。人の存在意義は、事前にセットされたアルゴリズムを超えて非連続な発想を取り込み、文脈を補いながら実行可能な戦略に落とし込んでいくところにあるのだろう。それは一種の環境適応力であり、変化を前提とした社会での優位性を創造する生命線の1つとなるに違いない。そのような能力は、戦略策定や意思

決定を担当する者の認識や解釈の力に相当な割合で依存するということもあり、誰とどのようなグルーピングを構成していくべきか、コグニティブな戦略グループ論のインプリケーションには、客観主義的な戦略論とは一味異なるメッセージがあるように思われる。

インプリケーションの第一は、コグニティブな行動グループには各社個別の努力では獲得しにくい競争優位性をサポートする働きがあることである。今日のビジネスの世界は「異業種格闘技」（内田，2009）といわれるような、異なる事業構造を持つ企業が業種や業界などという境界を越えて、異なるルールで同じ顧客や市場を奪い合う事例が多くなったと言われている。今後もその傾向が続くとすれば、企業が保有する資源や能力が大きく異なり、不均衡に分布するような土俵での競争は拡大するだろう。

ある企業が他社に先駆けてパフォーマンスをあげ競争力を維持していくためには、利用可能な資源や能力の所在をより早く突き止め、内部化していく必要性がこれまでにも増して高まる。さらにそこへ、自分たちとは全く似ていない企業が次々に参戦してくるということになれば、何が競争優位性をもたらす資源かを確信をもって事前に判断することは、これまで以上に難しくなるだろう。さまざまな背景を持ち、異なる文脈や前提を持っている企業との競争が拡大していくと、自社が保有する資源だけで十分な競争優位性を築くことが困難になることも予想される。

このようなとき、現在の保有資源による制約を受けることもなければ、コストをかけて現在の資源を大きく持ち替えることを必ずしも必要としないコグニティブな行動グループの存在は、経営者に取って現実的な意味を持つ。個社が独力で小さな差異化や競争行動を続けていくことよりも、仮に一方で競争はあったとしても、ある側面でのグループ共有的な資源や行動が結果的にはパフォーマンスの拡大につながるということがあり得るのである。そのような判断が働くときには、コグニティブな行動グループが役に立つ。現在の資源が共通していなくても形成が可能であるコグニティブな行動グループには、個別の努力だけでは獲得しにくい競争優位的な資源や能力を、他社との関わりの中で補完しながら得る働きがある。自社単独で戦略を実行することが各社の行動の基本であったとしても、相互に非従属的な関係性である行

動グループのメンバーシップを持っていれば、必要に応じてプレーヤーの集団的な強みを自社のために活かすことが可能となり、取りうる戦略オプションの幅が広がる[2]。

第二の示唆は、企業が意図的に戦略グループの転換に成功することも、競争優位性の獲得に結びつく1つの要因だということである。業界の環境変化に取り残されないためには、他社戦略の参照行動を行うことが必要である。参照行動といえば先行する企業の模倣や追随といった、後追い行動や状況対処的で消極的な対応姿勢を想起しがちである。しかし実際には、参照行動を通じて形成されるコグニションとグルーピングには、環境に対して前のめりに関与することで新たな局面を切り開く可能性という、積極的で実践的な示唆がある。事例にもある通り、ある企業がある時点で相対的に劣位と思われる資源グループに属していても、意図的な参照行動にはそこから導かれるアクションを契機として、決定的な敗退を防ぐ潜在的な力がある[3]。企業が戦略グループを移動することや、経営者のコグニションの転換力は、企業が変化を伴う戦局を乗り切るための原動力となり得る。大胆な戦略転換には、参照行動と経営者のコグニションの転換が必要なのである。

インタビューで話をしてくれた人々に共通したことがある。それは彼らがそれまでの軌跡を振り返り、エポックメイキングだったと思うことを話すときの、「自他についての認識の明瞭さ」と「戦略的な意図を具体的な行動に落とし込む」までの文脈の首尾一貫性である。

競合する企業の行動を解釈し、資源の競争力を推し量り、誰とどのぐらいの距離感があり、何を手に入れる必要があるのか。どのぐらいの時間感覚で、思ったことを実行するのか。結果としてうまくいったこともあればうまくいかなかったこともあるが、「他社戦略の参照行動」と「ぼんやりとした業界観察」には、そのあたりの読みや踏み込み方に切れ味の違いがあるように思われる。大小多数のプレーヤーが割拠する中で、曲がりなりにも上位の競争を展開してきた人々の認識や解釈には、青臭い分析マニアや傍観者にはない、聞く者の理性にたたみかけてくるような迫力がある。

経営戦略に興味を示す人の中には、どんな分析をどのくらい細かくすれば将来を読み当てることができるか、どれだけたくさんの情報を集めてくれば

絶対に失敗しない必勝方程式が立てられるのかというようなことを尋ねてくる人が少なからずいる。しかし、今回のインタビューが示すことは、「未来は現在に強く関与する人々のコグニションによって創られる」ということである。もしある事業の責任者が、ぼんやりとした業界観察者に過ぎないとすると、その行き先にはどうにもおぼつかないものがある。また過去をこねこねと要素還元的に机上分析するだけで読み当てられるほど、未来はイージーなものではないとも思う。

4 | 研究の総括と今後の課題

　本研究の問題意識に回帰しつつ、研究の総括と今後の課題を示す。
　本研究は、コグニティブな戦略グループを、「経営者が資源や行動などの、ある共通性に着目して行う企業のグルーピングの中で、競争上の主要な意思決定に違いをもたらす認知的な構造物」と考えた。資源と行動という2つに分離した戦略次元をベースに、戦略グループはどういうプロセスで変化するのかという問題意識の中心には、「競争環境は変化する」と考える今日的な経営者の姿があり、競争環境の変化のスピードが早まっていると考える経営者も少なくないことがある。
　昨今の戦略グループ論は、ある一時点の業界を分析する手軽で便利なツールとして矮小化されてしまっているようにも見える。本研究の通奏低音には、そうしたところに理論を安住させず、変化の視点を持たせつつ戦略策定的な思考に役立つように再構築していくことには、学問的にも実務的にも意義があるという思いがある。ただし生の経営は常に個別に異なる事情や外部要因、特殊な前提などの影響を受ける。その意味では一般化された経営理論は、あらゆる個別の状況に対応できる銀の弾丸ではないということも、改めて確認することとなった。本研究の事例だけでは、どの業界にも必ずコグニティブな戦略グループが存在するとは言えない。またすべての戦略が、参照行動の影響によって実行されるとも限らない。比較的安定的と言われる業界では、経営者のグルーピング認識の変化や他社戦略の参照行動を、それほど重要視する必要はないのかもしれない。

終章　コグニティブ戦略グループ論の総括と展望　│　179

コグニティブな理論研究の最大の限界は、人が認識していることや、頭の中で考えていることを完全には把握できないことである。インタビュー分析では、経営者の発言をその時点での経営者のコグニションとみなしているが、本来は言語化されないものは分析の俎上に載せることはできないため、コグニションを完全に網羅する研究を行うことは不可能である。図らずも Porac, Thomas and Baden-Fuller（2011）が 20 年の時を経て達したとおり、当事者たちのコグニションへの接近は、戦略論や組織論という経営学研究の力だけでなく社会心理学や経済学といった、異なる学問との統合的なアプローチの開発と研究方法の洗練が確かに必要である。そうは言っても、たとえば経済学と経営学のように、もともと異なるパラダイムを擁している学問を一気に接合することは相当に難しくもあり、学際的な研究を進めていくにしても解題には一足飛びにいかないものがある。このような限界を現時点では否定できないが、経営の主体が人間である以上は、経営に関わる人々が認識する物ごとに関して研究上の関心を失うべきではない。

　以上のような限界はありつつも、本研究が今後の経営戦略論の発展の足掛かりの一部にでもなることができれば、これに越したることはないと思う。その発展の方向性には以下のようなことがある。

　1 つ目に本研究では、分析者がツールを用いて人為的に業界を分類した便宜的なグルーピングとは異なる戦略グループが存在することに一定の根拠を示した。経営者が何に着目しているのかを常に明確にしておくことで、経営者のコグニションによる戦略的な行動をモデル化できること、戦略グループにおける資源と行動の相互関係と変化のプロセスが資源ベース戦略論の後づけ批判に対抗する理論的補強となることはすでに述べたとおりである。この先にあるのは、資源と行動とパフォーマンスの関係性の解明というテーマである。

　2 つ目には、規範論の発展というテーマである。本研究は、これまでの理念提示を超えてコグニティブな戦略グループの変化を実証的に明らかにし、このことをモデルと一般命題の形で提示したが、戦略グループをどう変えていくことが誰にとってどう望ましいのかという、規範的な問題には深入りはしていない。本研究のような記述的な研究は今後の規範論形成の基盤となる

と考えている。

　本研究は、戦略グループの「資源⇒行動⇒行動の資源化」というダイナミズムを駆動することが、新たな競争優位性の獲得に資するものとして一定の実践的な意味を持つことを示している。市場の変化とは、技術の変化、顧客のニーズの変化、競争条件の変化などを指すが、これと連動する戦略グループの変化には、競争力の揺らぎを感知する経営者の参照行動の変化が伏線的に存在する。本研究は、資源と行動とは関係しつつも、資源が行動を規定するパターンは必ずしも決定論的ではなく、行動から資源への影響のパスが存在し得ることを主張している。このことは、経営者の主観の関与なく資源が行動とパフォーマンスを規定するとする、一方向に固定的なパラダイムに一石を投じることになるであろう。ただし、通常は資源よりも行動の方が変動的であることを思えば、資源ベースの戦略グループよりも行動ベースの戦略グループの方が、一般的には変化しやすいものなのかも知れない。それについても、さらなる検討が必要だと思われる。

　本研究が示した「戦略グループ」の変化のモデルは、研究事例となった国内の ISP 業界以外にも

- ・業界を規制する条件の緩和によって、それまで競争行動のベストプラクティスとされたものが崩れつつある業界[4]
- ・幅広い基本ニーズに応える異なる種類の製品群を連鎖的に取り込みながら、バリューチェーンや競争領域が拡大していく業界[5]
- ・コア事業や業界を構成するドミナント技術が大きく変化し、プレーヤーが自らのポジショニングを変化させることを余儀なくされる業界

などに適用が可能であると考えられる。このことについて本研究は厳密な確認を行っていないが、上記のような業界では参照行動やコグニティブな戦略グループは、競合の敵対的な動きへの直接対応だけでなく、変わりつつある競争条件や業界構造の中で、企業が新たな戦略の方向性を探索するための意味を持ちやすい。

　企業や競争を取り巻く環境が比較的早いスピードで変化していく業界では、経営者は自社をうまく位置づけられる場所を自ら機敏に作り出していか

ざるを得ない。少なくとも変化の早い業界の住人にとっては、アプリオリに存在する戦略グループを便利なツールで識別し、参入先を決定することが戦略の要諦であるという、静的な経営理論が主流に立つ時代は終焉しつつあるのかもしれない。

　最後に戦略グループ論における今後の研究課題を挙げておきたい。

　1つ目には、多重的、重層的な性質を持つコグニティブな戦略グループの存在をより正確に表現していくために、戦略グループや経営者のコグニションをトポロジカルに表現する手法の開発をしていくことである。戦略の参照点としてのコグニティブな戦略グループは、北極星のような不動点ではなく、あたかも異なる座標系を持ちながら位置関係を推定したり当事者のポジションを特定したりするような相対性がある。さらに、もしある一人の経営者の心の中に異なる戦略次元が複数存在し、その戦略次元ごとに経営者がプレーヤーのグループ分けをしていれば、コグニティブな戦略グループは一人の経営者の心中にさえ重層的に存在し得る。業界内のプレーヤーを唯一にグルーピングすること自体が目的でない限り、存在の多重性は排除すべき問題ではない。多重性がコグニティブな戦略グループの存在をわかりにくくするという問題がある中で、図17で表したような模式構造が現実の世界でパラレルに存在することを簡易に表現できれば、コグニティブな戦略グループの実在性は今ほど難解なものではなくなるはずである。

　2つ目には、他の業界での研究の蓄積である。コグニティブな戦略グループについての実証的研究の積み重ねを通じ、行動グループが新たな資源グループとして安定化していくための条件や、コグニティブな戦略グループをベースとした各社の行動が実際に実行戦略として駆動するための条件の解明を進める必要がある。そのような研究が積み重ねられていくことによって、動的なコグニティブ戦略グループの規範論も確立されていくことになるだろう。

　3つ目には、個々の経営者はどうやって選択的に、ある組織や環境に注意を振り向けたり無視したりするのかという、Ocasio（1997）をはじめとするAttention-Based View 研究や、経営者のメンタルモデルが変わる早さと競

182

争力への貢献の相関関係といった、近接する研究領域との接合も今後の理論的研究課題としてあげておきたい。

　経営者のコグニションという内面的なものは、それを外側からしか窺い知ることができない非当事者には、わかりにくく厄介な感じがするものである。そのせいか企業の戦略を論じるとき、経営者のコグニションの扱い方は極端なものになりやすい。あるときは全く無視されて、あたかも業界内の企業の戦略には、人の認知的要素が介在しないかのように扱われるか、あるいは逆に「戦略とはその経営者がそうだと思ったものがそれであり、戦略的な行動は結局そのときの個々の経営者の力量に依存するのだ」という具合に、個人の性格や個性にすべての説明を極端に背負わせてしまうことがあるようにも感じられる。行き過ぎればそれは、無力感や経営に対する非現実的な超人待望論にもつながりかねない。経営者のコグニションと戦略の関係性は、この両極端の間のどこかで一般化され、より精緻に理論化することができるはずである。業界と個別の企業との間に認知的に存在するコグニティブな戦略グループという概念は、今後さらに研究が進むことによって、経営者個人の特殊なふるまいと、指標一辺倒で構成される人間無視の議論の間の理論的な接点として、これからも興味深くかつ重要な役割を果たすことになるだろう。

（注）
（1）　M. ハイデガー（Martin Heidegger）。
（2）　例えば数の力で外部環境を動かすような、比較的大きな営みを想定している。
（3）　このことの証左としては、積極的な参照行動を行い行動グループの形成の契機を作り出していたメーカー系 ISP は、決して絶対的な競争優位性があったとは言い切れないということがある。そのような中で、メーカー系 ISP は、長く当初の事業形態で生き残ったこと、逆にあまり積極的な参照行動を取らなかった ISP が早期に競争から退出するか、新たに形成された行動グループへの移動に失敗しているということがある。
（4）　たとえば日本の地銀や中堅行において、資本を一としない一部の複数行による ICT 基盤や店舗の相互利用、新商品の共同開発などの事例がある。（参考記事：http://itpro.nikkeibp.co.jp/atcl/watcher/14/334361/032900229/?bpnet　日経コンピュータ 2015/4/1）
（5）　Porter and Heppelmann（2015）：ポーター、ヘプルマン（2015）が示すような、業界を越えてビジネス領域が拡大するような状況を想定している。

あ と が き

　本書は筆者の博士論文に、情報の最新化など多少の加筆と推敲を行ってできあがったものである。業界の戦略研究を始めてから十数年、本書を執筆している間にも次々と新しいニュースが飛び込んでくる。この間、いつ自分の研究が陳腐で意味がないという烙印を押されることになるかと肝を冷やし、自信を失いかけては気を取り直すことを繰り返してきた。

　忘れられない夜がある。2011年3月11日。東京の新橋に勤務していた筆者は帰宅困難となった大勢の同僚とともに、オフィスビルでまんじりともせず一夜を過ごすこととなった。大変なことが起こったことはわかっていても、正確には何がどうなっているのかがわからず、方々に離散している家族とも連絡がつかない。オフィスの中は静かで落ち着いているようにも見えたが、それは表面だけのこと。真夜中になっても目や頭は冴える一方だが、自分も人に動揺を与えまいと自席でただじっとしているしかなかった。そんな時に、ふと「電話よりもインターネットの方が連絡をつけやすいぞ」と話す声が聞こえた。

　その時、頭の中がしんとして「それだ」と感じることがあった。今でこそインターネットは、いつも安心して使える通信手段として使われている。だがもともとはベストエフォート型と言って、通信速度や品質を保証しない方式の通信である。サービス開始当初は「そんな不安定なものは通信とは言えない」と言われ、通信会社では営業部門から販売拒否をされたなどという逸話さえある。それが幾多の競争と努力の末に、このような非常の時にも人々をつなぎ、必要とする情報をやり取りしあうために見事に機能している。この業界を丁寧に見直すことで、ある業界が生まれ、継続し、発展していくことについて、必ず何かが言えるに違いないと思った。ただそのころの自分はまだ、膨大な資料を前にやみくもに彷徨っていただけに過ぎなかった。後か

ら考えれば、何かが言えるに違いないと感じたことに何の確証があったわけでもない。職務をこなし、人が書いた論文の山に埋もれ、よれよれになりながら、曲がりなりにもまとまった成果となるまでにさらに数年を要したことは、今となっては笑い話であり奇跡でもある。

「ほんの軽い気持ちで」チャレンジしてみることを筆者は否定しない。それが結果的に人生を大きく変えることになり得るという事実、そして何にも手を出さないことによってそんな機会を自ら葬り去ってしまうことに対しては、ある種の罪悪感のような心持ちがするからである。もちろん不発に終わったところで大して傷つくこともない。そこには開き直りにも近い救いがある。

ただ、軽い気持ちで始めたことが続けられることや、成果が出せることとの間には大きな隔たりがある。もっと早く進路に気付きスタートすべきだった、もっと若かったらもっと物ごとはスムーズに進んだかもしれないと切歯扼腕しても詮ないことだ。過去と他人は変えられない。変えられるのは今この瞬間から先の未来と自分のふるまいだけだ。本音を言えば、放り出して逃げたくなる気分から自分を無理やり引き剥がすようなことが何度もあった。ベランダで育てていた趣味のバラも、いつの間にか全部枯れた。誰に強制されたわけでもなく、ほんの小さなきっかけと好奇心で始めたはずの研究なのに、こけつまろびつ、いつの間にか真顔になっているというのは、傍から見ればまことに滑稽な話である。いつどこでだめになっても一向に不思議はなかったのに、今日があるのは大勢の方々の力添えによるところが大きかったと悟らざるを得ない。それまでの道のりを改めて思い起こすにつけ、その意を強くするのである。

本研究は、著者が早稲田大学大学院商学研究科後期博士課程在学中に、同大学院根来龍之教授の指導のもとに行ったものである。根来教授には前期博士課程在学時から一貫して、「ICT と経営戦略」についてのご指導をいただいた。この間、研究経験も浅く、決して順風満帆であったとは言えなかった筆者および筆者の研究に対して、倦むことも突き放すこともなく、常々の「研究に終末（週末）なし」とのお言葉通り、寝食を忘れるほどの熱意でご指導くださったことを衷心より感謝申し上げたい。根来教授なくして研究者とし

ての筆者の今日はあり得なかった。実は本研究には、この根来教授をして「マニアックな研究だ」と言わしめた逸話がある。それが一定の成果となるまでに多大な時間を要する原因ともなり、読者に難解を強いることともなったが、筆者本人はこれを師匠唯一の褒め言葉と勝手に受け取り、有難く心の中にしまっておくことにしている。

　本研究に多くの有益かつ建設的なご助言を下さった、早稲田大学商学研究科教授淺羽茂博士、同教授藤田誠博士、上智大学経済学部山田幸三博士に心より感謝を申し上げる。本研究は、先生方のさまざまな見地からのご指摘やご助言により、すべてのご期待に応えられたとは言いきれないものの、再考を重ねることで多少なりとも完成度を高めることができたと思う。淺羽、藤田両教授からは理論的な詰めの甘さに対してご指摘をいただくと同時に、多くの解決の糸口をお示しいただいた。コグニティブ戦略グループ論の先達である山田教授には、説明不足に陥っているところに何を補うべきかや、人の認識を取り扱う研究特有の苦しい部分に多くの心強い助言をいただいた。先生方への感謝の念はつきないところである。

　インタビュー調査にあたっては、ISP 各社の幹部の皆様に多くの時間を割いてご協力いただいたことを感謝申し上げたい。特に、NTT コミュニケーションズ株式会社の小林洋子氏および、東日本電信電話株式会社の水越一郎氏のご協力なくして調査の実施は不可能であったことを記し、深く謝意を表す。

　筆者の勤務先の先輩・同僚であった、湯原重貴氏および岩佐功氏には後期博士課程への進学前から数多くの支援をいただいた。進学後も、研究と仕事の両立のための惜しみない助力と、時に心折れそうになる筆者に対し、心からの信頼と励ましを寄せてくださった。筆者が最後まで投げ出すことなく今日にいたることができたのは、心優しき職場の友人たちのおかげであると記して感謝の意を表したい。志を同じくする根来ゼミの学友とのディスカッションや交流も、筆者の視野を広げ、研究を前進させるための大きな力となった。このことに感謝しつつ、今の清々しい心持ちを分かち合いたい。

　最後に、限りない献身と理解で筆者を支え、明るく応援し続けてくれた夫と息子、学問の尊さを筆者に教え育んでくれた両親および京都の親族、さま

あとがき　187

ざまな心遣いをしてくれた妹弟に心から感謝したい。

　ある日、祖父が遺した膨大な蔵書の中に、旧字遣いで記された大変古い経済学書を見つけた。黄ばんで埃だらけになったその本を手に取り開くと、その書き出しは「今日ほど変化が激しい世の中はない。この変化の時代にどう対応していくべきか」というような意味のことであった。このあまりの「変わらなさ」に思わず声を出して笑ってしまった筆者であるが、変化しない世の中など本来ないのだ。

　近い将来、「すごい AI（人工知能）」が現れて、人間の能力を超えたところで人の仕事を奪っていく、経営に直接関わる仕事も例外ではないということを言う人がいる。しかしその AI に対して判断基準や規範を与えるのは、他ならぬ人間である。すごい（かも知れない）AI も、自律的稼働ができて人々の役に立つようになるためには、人が与える価値観や判断指標に依拠せざるを得ない。そうであればなおのこと、人間が変化する環境や非構造的な現実に対してどのようなコグニションを形成し、いかにダイナミックに経営ポリシーを創造するかという問題に、我々は大きな関心を払い続けるべきであると思う。人間から良き材料を与えられなかった AI が、どんなひどいことになるかということのひとつの証左が 2016 年のニュースにあった。「暴言を吐きながら暴走する AI」である。

　コグニティブな戦略グループの変化を通じて競争の構造を論じるという、ある種のとりつきにくいテーマに挑んだ研究の書として、本書がこうして小なりといえども歴史の片隅に名を残すことができるのは望外の喜びである。

2017 年　吉日

宮元　万菜美

参 考 文 献

Ansoff, H.I.（1965）*Corporate Strategy*.（広田寿亮訳『企業戦略論』産業能率短期大学出版部、1969 年）

Bain, J.S.（1956）*Barriers to new competition*, Cambridge, MA: Harvard University Press.

Barney, J.B. and R.E. Hoskisson（1990）Strategic groups: Untested Assertions and Research Proposals, *Managerial and Decision Economics*, 11（3）: 187-198.

――――（2002）*Gaining and Sustaining Competitive Advantage*, 2nd ed., Prentice Hall.（岡田正大訳『企業戦略論』ダイヤモンド社、2003 年）

Barr, P.S., J.L. Stimpert and A.S. Huff（1992）Cognitive change, strategic action, and organizational renewal, *Strategic Management Journal*, 13 special Issue: 15-36.

Bogner, W.C.（1991）"*Patterns of intra-industry competition: A dynamic analysis of theoretical foundations of strategic groups*," University of Illinois of Urbana Champaign.

―――― and H. Thomas（1993）The Role of Competitive Groups in Strategy Formulation: A Dynamic Integration of Two Competing Models, *Journal of Management Studies*, 30（1）: 51-67.

Carr, C.（1993）Global, national, and resource-based strategies: An examination of strategic choice and performance in the vehicle components industry, *Strategic Management Journal*, 14（7）: 551-567.

Caves, R.E. and M.E. Porter（1977）From Entry barriers to Mobility barriers: Conjectural Decisions and Contrived Deterrence to New Competition, *Quarterly Journal of Economics*, 91（2）: 241-261.

Chakravarthy, B.（1997）A New Strategy Framework for Coping with Turbulence, *Sloan Management Review*, 38（2）: 69-82.

Chen, M.J.（1996）Competitor Analysis and Interfirm Rivalry: Toward A Theoretical Integration, *Academy of Management Review*, 21（1）: 100-134.

Clark, B.H. and D.B. Montgomery（1999）Managerial Identification of Competitors, *Journal of Marketing*, 63(3): 67-83.

Collis, D.J. and C.A. Montgomery (1998) *Corporate Strategy: A Research-Based Approach*, Irwin McGraw-Hill.（根来龍之、蛭田啓、久保亮一訳『資源ベースの経営戦略論』東洋経済新報社、2004 年）

Cool, K.O. and D. Schendel (1987) Strategic Group Formation and Performance: The Case of the U.S. Pharmaceutical Industry, 1963-1982, *Management Science*, 33(9): 1102-1124.

──────── and Ingemar Dierickx (1993) RIVALRY, Strategic Groups and Firm Profitability, *Strategic Management Journal*, 14(1): 47-59.

Cyert, R.M. and J.G. March (1992) *A Behavioral Theory of the Firm*, 2nd Edition, Wiley-Blackwell.

D'Avni, R.A. (1996) Hypercompetition: Managing the Dynamics of Strategic Maneuvering, *The Academy of Management Review*, 21(1): 291-294.

De Kluyver, C.A. and J.A. Pearce II (2003) *STRATEGY: A View from the Top*, 1st ed., Pearson Education, Inc.

Dierickx, I. and K. Cool (1993) Rivalry, Strategic Groups and Firm Profitability, *Strategic Management Journal*, 14(1): 47-59.

Dornier, R. (2012) Strategic Groups Structure, Positioning of the Firm and Performance: A Review of Literature, *International Business Research*, 5(2): 27-40.

DIAMOND ハーバード・ビジネス・レビュー編集部 編訳 (2010)『戦略論 1957-1993』ダイヤモンド社。

Eisenhardt, K.M. and D.N. Sull (2001) Strategy as simple rules, *Harvard Business Review*, Vol.79, pp.106-116.

Fiegenbaum, A. and H. Thomas (1993) Industry and strategic group dynamics: competitive strategy in the insurance industry, 1970-84, *Journal of Management Studies*, 30(1): 69-105.

──────── and H. Thomas (1995) Strategic Groups as reference groups: theory, modeling and empirical examination of industry and competitive strategy, *Strategic Management Journal*, 16(6): 461-476.

────────, H. Thomas and M.J. Tang (2001) Linking Hypercompetition and Strategic Group Theories: Strategic Maneuvering in the US Insurance Industry, *Managerial and Decision Economics*, 22(4-5): 265-279.

Fleisher, C.S. and B.E. Bensoussan (2003) *Strategic and Competitive Analysis: Methods and Techniques for Analyzing Business Competition*, Pearson Education International.

Giddens, A.（1993）*New Rules of Sociological Method: A Positive Critique of Interpretative Sociologies*, Stanford University Press.（松尾精文、小幡正敏、藤井達也訳『社会学の新しい方法規準―理解社会学の共感的批判　第二版』而立書房、2000 年）

Guedri, Z.（1998）*Performance variations among strategic group members in the Pharmaceutical Industry: An examination of individual sustainable growth capabilities, 1995-1997*, in Faculty of Commerce and Administration, Concordia University: Montreal.

Hatten, K.J. and M.L. Hatten（1987）Strategic Groups, Asymmetrical Mobility Barriers and Contestability, *Strategic Management Journal*, 8(4): 329-342.

Hitt, M.A., R.E. Hoskisson and R.D. Ireland（2008）*Strategic Management: Concepts and Cases: Competitiveness and Globalization*, 8th Edition, South-Western College Publishing.（久原正治、横山寛美訳『戦略経営論―競争力とグローバリゼーション』センゲージラーニング、2010 年）

Hunt, M.S.（1972）*Competition in the Major Home Appliance Industry, 1960-1970*, Unpublished doctoral dissertation.

Howard, T. and N. Venkatraman（1988）Research on Strategic Groups: Progress and Prognosis, *Journal of Management Studies*, 25(6): 537-555.

ISP 各社報道発表資料、1992～2011 年。

Kumar, K.R., H. Thomas and A. Fiegenbaum（1990）Strategic Groupings as Competitive Benchmarks for Formulating Future Competitive Strategy: a Modeling Approach, *Managerial and Decision Economics*, 11(2): 99-109.

Leask, G.（2004）*Is there still value in strategic group research?*, Aston Business School Reserch Papers.

——— and D. Parker（2006）Strategic Group Theory: Review, Examination and Application the UK Pharmaceutical Industry, *Journal of Management Development*, 25(4): 386-408.

March, J.G. and H.A. Simon（1993）*Organizations*, 2nd Edition, Wiley-Blackwell.（高橋伸夫訳『オーガニゼーションズ　第二版―現代組織論の原典』ダイヤモンド社、2014 年）

Mascarenhas, B.（1989）Strategic group dynamics, *Academy of Management Journal*, 32(2): 333-352.

——— and D.A. Aaker（1989）Mobility Barriers and Strategic Groups, *Strategic Management Journal*, 10(5): 475-485.

———— (1995) International industry evolution patterns, *International Business Review*, 4(2): 233-246.

McGee, J. and H. Thomas (1986) Strategic Groups: Theory, research and taxonomy, *Strategic Management journal*, 7(2): 141-160.

Miles, R.E. and C.C. Snow (1978) *Organizational Strategy, Structure and Process*, New York: McGraw-Hill.

Mintzberg, H., B. Ahlstrand and l.J. Lampel (1998) *Strategy Safari: A Guided Tour Through The Wilds of Strategic Management*, The Free Press. (齋藤嘉則監訳『戦略サファリ』東洋経済新報社、1999年)

Miyamoto, M. (2007) *A development of the strategic group theory: A proposal on the three strategic group categories and introducing the concept of distance into the analysis*, The International Society for the Systems Sciences, Paper presented at the 51st Annual Meeting of the ISSS in Tokyo.

Negoro, T. and M. Wakabayashi (2007) *A Time-Series Descriptive Model of Competitive Advantage Trajectory: Building Intermittent Competitive Advantage in Hypermoving Market*, The International Society for the Systems Sciences, Paper presented at the 51st Annual Meeting of the ISSS in Tokyo.

Noël, H. and A. Heene (2002) *The quest for strategic groups: Overview, and suggestions for future research*, Universiteit GENT Working Paper.

Ocasio, W. (1997) Towards an Attention-Based View of The Firm, *Strategic Management Journal*, 18(S1): 187-206.

Panagiotou, G. (2007) Reference theory: Strategic Groups and Competitive Benchmarking, *Management Decision*, 45(10): 1595-1621.

Peteraf, M. and M. Shanley (1997) Getting to know you: A theory of Strategic Group Identity, *Strategic Management Journal*, 18(S1): 165-186.

Porac, J.F. and H. Thomas (1987) *Strategic Groups and Competitive Taxonomies, Paper presented at the annual meeting of the Academy of Management*, New Orleans, Louisiana.

————, H. Thomas and C. Baden-Fuller (1989) Competitive Groups as Cognitive Communities: The Case of Scottish Knitwear Manufacturers, *Journal of Management Studies*, 26(4): 397-416.

———— and H. Thomas (1990) Taxonomic mental model in competitor definition, *Academy of Management review*, 15(2): 224-240.

————, H. Thomas and C. Baden-Fuller (2011) Competitive Groups as Cognitive Communities: The Case of Scottish Knitwear Manufacturers Revisited,

Journal of Management Studies, 48(3): 646-664.

Porter, M.E. (1980) *Competitive Strategy: Techniques for Analyzing Industries and Competitors*, The Free Press. (土岐坤他訳『新訂競争の戦略』ダイヤモンド社、1982年)

——— (1981) The Contributions of Industrial Organization to Strategic Management, *Academy of Management Review*, 6(4): 609-620.

——— (1983) Industrial Organization and the Evolution of concepts for Strategic Planning: The New Learning, *Managerial and Decision Economics*, 4 (3): 172-180.

——— (1985) *Competitive Advantage: Creating and Sustaining Superior Performance*, The Free Press. (土岐坤他訳『競争優位の戦略』ダイヤモンド社、1985年)

——— (1991) Towards a Dynamic Theory of Strategy, *Strategic Management Journal*, 12(S2): 95-117.

Priem, R.L. and J.E. Butler (2001) Tautology in the Resource-Based View and the Implications of Externally Determined Resource Value: Further Comments, *Academy of Management Review*, 26(1): 57-66.

Reger, R.K. and A.S. Huff (1993) Strategic Groups: A Cognitive Perspective, *Strategic Management Journal*, 14(2): 103-123.

Roquebert, J., R. Phillips and C. Duran (1995) *How much does strategic management matter? Presentation at the meeting of the National Academy of Management*, Atlanta, GA.

Rumelt, R.P. (1991) How much does industry matter?, *Strategic Management Journal*, 12(3): 167-185.

Short, J.C., D.J. Ketchen, T.B. Palmer and G.T. Hult (2007) Firm, Strategic Group, and Industry Influences on Performance, *Strategic Management Journal*, 28(2): 147-167.

Simon, H.A. (1947) *Administrative Behavior A Study of Decision-Making Processes in Administrative Organization*, 4th Edition, The Free Press. (桑田耕太郎他訳『新版経営行動―経営組織における意思決定過程の研究』ダイヤモンド社、2009年)

Smith, K.G., C.M. Grimm, S. Wally and G. Young (1997) Strategic Groups and Rivalrous Firm Behavior: Towards a Reconciliation, *Strategic Management Journal*, 18(2): 149-157.

Tang, M.J. and H. Thomas (1992) The Concept of Strategic Groups: Theoretical

Construct or Analytical Convenience, *Managerial and Decision Economics*, 13(4): 323-329.

Voyer, J.J. (1993) Pharmaceutical-Industry Strategic Groups Based on Cognitive Maps, in Academy of Management Conference, Atlanta, *Academy of Management Best Papers Proceedings*, pp.384-388.

Weick, K.E. (1979) *The Social Psychology of Organizing*, 2nd ed, Addison-Wesley. (遠田雄志訳『組織化の社会心理学 第2版』文眞堂、1997年)

——— (1995) *Sensemaking in Organizations*, Sage. (遠田雄志、西本直人訳『センスメーキングインオーガニゼーションズ』文眞堂、1997年)

Wiley, N. (1988) The Micro-Macro Ploblem in *Social Theory*, *Sociological Theory*, 6(2): 254-261.

Yin, R.K. (1984) *Case Study Research*, 2nd edition, Thousand Oaks, CA: Sage Publications. (近藤公彦訳『ケース・スタディの方法（第2版）』千倉書房、1996年)

——— (1994) *Case Study Research: Design and Methods*, 2nd Edition, Sage Publications. (近藤公彦訳『新装版　ケース・スタディの方法　第2版』千倉書房、1996年)

青島矢一・加藤俊彦 (2003)『競争戦略論』東洋経済新報社。

網倉久永 (2013)「企業＝資源観の発展過程：知識の社会的構築プロセスとしての考察」『上智経済論集』第58巻第1・2号、pp.187-208。

伊丹敬之・軽部大 (2004)『見えざる資産の戦略と論理』日本経済新聞社。

———監修、一橋大学日本企業研究編 (2005)『日本企業研究のフロンティア 1号、一橋大学日本企業研究センター研究年報2005』有斐閣。

井本亨 (2006)「企業戦略と持続的競争優位」『立命館経営学』第44巻第5号、2006年1月、pp.121-148。

入山章栄 (2014)「世界標準の経営理論　第3回 SCP理論②」『ダイヤモンドハーバードビジネスレビュー2014年11月』ダイヤモンド社。

——— (2015)「世界標準の経営理論　第13回 カーネギー学派と企業行動理論」『ダイヤモンドハーバードビジネスレビュー2015年10月』ダイヤモンド社。

インターネットマガジン　アーカイブ1994年10月号～2006年5月号までの全136号（http://i.impressrd.jp/bn）、インプレス。

内田和成 (2009)『異業種競争戦略』日本経済新聞出版社。

尾上伊知郎 (1990)「戦略グループの変化についての実証研究」『武蔵大学論集』37（2～5）: 467-491。

加護野忠男 (1988)『組織認識論』千倉書房。

河合忠彦（2004）『ダイナミック戦略論：ポジショニング論と資源論を超えて』有斐閣。

クレイトン M., クリステンセン、マイケル・レイナー、ロリー・マクドナルド（2016）「正しき理論を適用し、いまに活かす　破壊的イノベーション理論：発展の軌跡」『ダイヤモンドハーバードビジネスレビュー 2016 年 9 月』ダイヤモンド社。

戈木クレイグヒル滋子（2006）『グラウンデッド・セオリー・アプローチ：理論を生みだすまで』新曜社。

佐久間昭光（1981）「戦略グループと産業組織（経済学のための経営学入門＜特集＞）」『経済セミナー 通巻 317』pp.60-67、日本評論社。

─────（1998）『イノベーションと市場構造』有斐閣。

佐藤郁哉（2008）『質的データ分析法─原理・方法・実践』新曜社。

嶋口充輝監修（2009）『マーケティング科学の方法論』白桃書房。

新宅純二郎・淺羽茂（2001）『競争戦略のダイナミズム』日本経済新聞社。

ジョージ・デイ、ポール・シューメーカー（2009）「戦略の視力検査」『ダイヤモンドハーバードビジネスレビュー 2009 年 6 月』ダイヤモンド社。

総務省（2014）『平成 25 年通信利用動向調査』。

─────（2016）『平成 28 年版情報通信白書』。

高木啓輔（2009）「ポイントプログラムにおけるデータ分析手法の検討」『日本福祉大学経済論集』第 39 号 2009 年 9 月、pp.81-97。

髙橋量一（2010）『組織認識論の世界 I』文眞堂。

田口光弘（2004）「製品数と市場シェア─納豆産業における戦略グループ間の競合分析」『日本農業経済学会論文集』2004 年度、pp.238-243。

田村正紀（2006）『リサーチ・デザイン─経営知識創造の基本技術─』白桃書房。

張秋柳・斎藤修（2006）「インテグレーションをめぐる垂直的主体間関係と経営戦略─鶏肉産業を中心として─」『フードシステム研究』第 12 巻第 3 号 2006 年 2 月、pp.2-11。

根来龍之（1988）「競争戦略論の立脚視点」『産能大学紀要』第 8 巻第 2 号 February。

─────・堤満（2004）「産業構造のモジュール化が進んだ業界の競争優位の分析」『経営情報学会誌』Vol.13, No.2, September, pp.1-35。

─────・宮元万菜美（2005）「M.E. Porter の戦略グループ論の批判的発展─ 3 つの「戦略グループ」カテゴリーの提案と「距離」概念の導入─」『日本経営システム学会誌』Vol.22, No.1, September, pp.69-78。

─────・稲葉由貴子（2007）「事業形態と収益率─データによる事業形態の影響力の検証─」（早稲田大学 IT 戦略研究所ワーキングペーパーシリーズ No.23）

─────・稲葉由貴子（2009）「事業形態・独自資源と収益率格差との関係―財務デー
　タ分析をふまえた資源ベース戦略論の発展」『経営情報学会誌』Vol.18, No.2,
　pp.113-137。

─────（2015）『ビジネス思考実験：「何が起きるか？」を見通すための経営学
　100命題』日経BP社。

マイケル E. ポーター、ジェームズ E. ヘプルマン（2015）「接続機能を持つスマー
　ト製品」が変えるIoT時代の競争戦略」『ダイヤモンドハーバードビジネスレ
　ビュー04』ダイヤモンド社。

三品和広（2004）『戦略不全の論理』東洋経済新報社。

─────（2010）『戦略不全の因果』東洋経済新報社。

溝田誠吾（1989）「戦後造船企業経営史 -1- 造船業の多角化戦略と戦略グループの
　形成過程」『専修大学社会科学研究所月報』第316号、pp.1-38。

見田宗介・栗原彬・田中義久（1988）『社会学事典』弘文堂。

宮本孝二（1998）『ギデンズの社会理論：その全体像と可能性』八千代出版。

宮元万菜美（2004）「OCNとISP各社の競争―価格競争の追随関係―」『早稲田大
　学IT戦略研究所　ワーキングペーパー』No.3。

─────（2005）「戦略グループ論の発展―ISP業界における分析フレームワーク
　と戦略定石の提言―」早稲田大学商学研究科。

─────（2008）「戦略グループ論の今日的意義の再検討」『早稲田大学商学研究
　科紀要』第66号、pp.93-106。

─────（2009a）「国内ISP事業の競争と経営者の意識―ブロードバンド競争を
　通じて―」『早稲田大学商経論集』第97号、pp.1-15。

─────（2009b）「戦略グループ論の今日的再構築のための検討―戦略グループ
　論をめぐる論点整理―」『日本経営学会誌』第23号、pp.14-24。

─────（2009c）「パースペクティブの違いによる戦略グループ論およびプレー
　ヤーマップに関する考察」『早稲田商研紀要』第69号、pp.71-84。

─────（2012）「国内のコンシューマ向けISP事業の顧客獲得競争に関する経営
　者の認識と事業行動」『早稲田大学IT戦略研究所ワーキングペーパー』
　No.43。

─────（2015）「戦略グループの経時的変化の研究―資源グループと行動グルー
　プの相互関係―」『日本経営学会誌』第36号、pp.14-25。

村上伸一（1992）「戦略グループ論と組織エコロジー」『北星学園大学経済学部北
　星論集』第29号、pp.35-67。

山田幸三（1992）「損害保険産業の戦略グループ分析」『損害保険研究』第53巻第
　4号、pp.49-75。

―――（1994）「戦略グループの概念と認知的アプローチ」『岡山大学経済学会雑誌』第 25 巻第 4 号、pp.281-299。

主 要 索 引

| 英字 |

@nifty 32

ADSL（Asymmetric Digital Subscriber Line）
45-46

asahi ネット 32

AT&T ワールドネット 32, 57

au one net 60

BB テクノロジー 57

BIGLOBE 32

B フレッツ 62

core-belief 121

DDI（第二電電） 33, 60

DION 33

DSL（Digital Subscriber Line） 46

DTI 32

FTTH（Fibrer to the Home：光回線接続）
45, 66

G-PON（Gigabit Ethernet Passive Optical
Network） 68

IDO（日本移動通信） 60

IIJ 31

InfoSphere 59

InfoWeb 32

IPO（Initial Public Offering：新規公開） 34

IP 電話（Voice Over Internet Protocol：VoIP）
51

IP レボリューション 47

ISDN（Integrated Services Digital Network：
サービス総合デジタル網） 43

ISP（Internet Service Provider） 7, 31

IX（Internet eXchange：インターネットエク
スチェンジ） 46

JAIPA（Japan Internet Providers

Association：日本インターネットプロバイ
ダー協会） 137

JENS SpinNet 57

KDD（国際電信電話） 60

KDDI（第二電電：2000 年から） 33, 60

LTE（Long Term Evolution） 70

MDF（Main Distribution Frame：主配電盤）
46

NEC mesh 32

NEC（日本電気） 55

NIFTY-Serve 40

NTT（日本電信電話） 33

NTT コミュニケーションズ 59

NTT 東西 25

NTT 西日本 25

NTT 東日本 25

OCN 33

ODN 33

OTT（Over the Top） 158

P2P（ピアツーピア） 138

POI（Point of Interface） 138

S-C-P モデル 83

So-net 32

TCP/IP（Transmission Control Protocol/
Internet Protocol） 31

TEPCO 65

──ひかり 60, 63

UNIX 40

Wi-fi 70

with フレッツ 63

xDSL（x Digital Subscriber Line） 45

Yahoo!BB 47

199

| ア行 |

アクセスポイント　32, 34, 37

アクセス網の光化　33

アッカ・ネットワークス　48

イー・アクセス　48

イーコマース　28, 49

イーサネット　66

イコール・フッティング　59

位置づけの認識　116

位置取り戦略　38

移動障壁　16-17, 82

イナクトメント　125

イノベーション　125

インターネット

　　──エクスチェンジ（IX）　46

　　──サービスプロバイダー（ISP）　7

　　──接続事業　25

ウインシステム　32

影響の経路　20

おとくライン　58

オペレーションコスト　52

| カ行 |

解釈主義　98

価格理論　83

核となる確信（core-belief）　121

間主観性　121

慣性　39

完全競争　83

記述型研究　94

規範型研究　94

客観主義的　14

　　──戦略グループ論　19

キャリア系　25

競争

　　──的姿勢　116

　　──のダイナミクス　126

　　──優位性　11

共同主観　16

　　──化　12, 101

　　──性　8, 115

均衡理論　83

空間的競争

　　──モデル　86

　　──理論　106

クラウドビジネス　74

グラウンデッド・セオリー・アプローチ　8

クリステンセン，C.（C. Christensen）　1

グループ構造　17

ケイ・オプティコム　62

経路依存　75

ゲーム理論　105

現象学　121

限定合理性　5, 117

広告事業　38

行動　8

　　──グループ　15

　　──の共通性　15

　　──の資源化　12, 165

顧客平均単金　52

国際電信電話（KDD）　60

コグニション（認識）　3

コグニティブ（認知論的）　3

　　──な行動グループ　16

　　──な資源グループ　15

　　──な戦略グループ　11

固定電話　51

雇用プール　101

コンテンツ　38, 61

| サ行 |

サイモン，H.（H. Simon）　6

産業組織論　14, 80

参照　126

　　──行動　8

　　──点　126

参入障壁　17, 82

シェアリングエコノミー　74

時間従量制　43
資源　8
　　——グループ　15
　　——と行動の相互作用　11
　　——の共通性　14
　　——ベース戦略論　4
実在　19, 22
　　——性　14
　　——論　19
実証主義　98
質的分析　28
社会心理学　88
従量料金制　41
主観主義的　8
　　——戦略グループ論　19
主観的実在論　11
種類株式　53
準拠　126
　　——集団　126
上位レイヤ　51
常時接続　45
所属集団論　126
新 NASDAQ　53
スピードネット　47
静的研究　94
接続事業　38
専用線接続方式　32
戦略
　　——行動　19
　　——次元　18
戦略グループ　6
　　——アイデンティティ　122
　　——マップ　80
　　——理論の動学化　20
相互
　　——関係　8
　　——主観性　121
　　——接続　33
ソーシャルネットワーク　74

組織認識論　88, 117
ソニー　53
ソフトバンク　47
　　——テレコム　57
　　——モバイル　57

| タ行 |

第二電電　33, 60
ダイヤルアクセス　32, 34
他社戦略の参照行動　15
タリフ　49
探索（search）　117
　　——的・記述的ケース・スタディ　22
　　——的・説明的ケース・スタディ　22
地域 ISP　50
通信キャリア　61
定額料金制　43
テレホーダイ　35, 43
電気通信設備　33
店頭登録特則銘柄制度（特則市場）　34
東京インターネット　31
東京電力　47
動的研究　94
特則
　　——市場　34
　　——銘柄　34
独立系　25
トラッキングストック　53
ドリームネット　59
トリプルプレイ　71

| ナ行 |

内主観性　121
内発的な要因　17
仲間性　16
ナローバンド　45
二重の解釈学　115
日常の理論　101, 117
日本移動通信（IDO）　60

終章　201

日本テレコム　33, 57
日本電気（NEC）　55
日本電信電話（NTT）　33
認知
　　——限界　101
　　——資源　130
　　——マップ　98
　　——論　86
ネットワーク
　　——のオープン化　33
　　——のデジタル化　33

| ハ行 |

バーニー，J.B.（J.B. Barney）　98
破壊的なイノベーション　1
パソコン通信　31, 37
パフォーマンス　15
パラダイム　118
半構造化質問　27
ピアツーピア（P2P）　138
ひかり one　61
光
　　——アクセス　52
　　——回線接続（FTTH）　45
　　——コラボレーションモデル　71
プーさんメール　59
輻輳　35
符号化（encode）　18, 101
富士通　54
フッサール，E.G.A.（E.G.A. Husserl）　121
ぷらら　37
プレイヤーマップ　136
フレッツ
　　——ADSL　46
　　——ISDN　45
　　——光　61
　　B——　62
　　with——　63
ブロードバンド　45

——回線　45
ベッコアメ　32
ベンチマーク理論　106
ポーター，M.（M. Porter）　5
ボーダーフォン　57
ポータル事業　140
ホールセラー（wholesaler）　48
ポジショニング戦略論　5
ポストペット　38
保有資源　16, 19
本則銘柄　34

| マ行 |

マイクロソフト　47
マイライン　51
　　——セット　51
マザーズ　35
　　東証——　53
マルチメディア　38
　　——基本構想　33
　　——共同利用実験　33
ミンツバーグ，H.（H. Mintzberg）　3
メーカー系　25
メタルアクセスライン　35
メディアレップ　56
メンタルモデル　18
モデル化　17
モバイル　61
模倣・追随行動　28
モモ　38

| ヤ行 |

ヤフー株式会社　47
優先接続サービス　51

| ラ行 |

リッチメディア　138
リムネット　32

【付表 1】 インタビュー質問票

　御社における過去のいくつかの大きな戦略局面について下記のようなことをお伺いします。なお、本インタビューでお聞きする内容は、企業の戦略行動に関する研究の基礎資料として扱いますので、個々の企業の経営の是非について論じることを目的とはしておりません。

1.　最初に プロフィールをお聞かせください
　　①　役職
　　②　在任期間

2.　過去を振り返り、御社の事業運営上で大きな戦略転換点であったと思えることは何ですか。(複数回答可)

3.　その戦略転換をもたらした当時の意思決定とは、下記のどのような内容に属するものでしたか
　　①　大規模投資
　　②　新規サービスへの参入・退出
　　③　主力サービス (競争軸) の変化
　　④　事業の合併・分離、資本関係の変化
　　⑤　ブランドの刷新・統廃合
　　⑥　その他 (具体的に)

4.　上記の意思決定をされた際、貴社では競争環境分析の一環として、他社 (単独企業または企業群) をどのように観察・参照していましたか。具体的なエピソードなどを交えてお話しください。

(以上)

【付表2】 インタビューリスト

(* 順不同。匿名インタビューのため、個人名は記載しない)

■ ISP

1.	@nifty	2010 年 9 月、2011 年 2 月
2.	asahi ネット	2011 年 1 月
3.	BIGLOBE	2008 年 5 月、2011 年 2 月
4.	DTI	2011 年 2 月
5.	DION	2011 年 1 月
6.	IIJ	2010 年 10 月
7.	OCN	2008 年 8 月、2011 年 2 月
8.	ODN	2010 年 10 月
9.	So-net	2011 年 1 月
10.	Yahoo!BB	2010 年 10 月
11.	リムネット	2011 年 1 月
12.	東京めたりっく通信	2011 年 1 月

■ ISP 以外

1.	イー・アクセス	2011 年 1 月
2.	インターネットマガジン	2011 年 2 月
3.	NTT 東日本	2011 年 2 月

ご多忙中、長時間のインタビューにお答えくださった各社の皆さまに、改めて御礼申し上げます。

【著者紹介】

宮元万菜美（みやもと・まなみ）

[著者略歴]

株式会社情報通信総合研究所上席主任研究員。サイバー大学教授。
日本電信電話株式会社入社後、NTT コミュニケーションズを経て現職。主にインターネットビジネスやプロバイダー事業、メーカーとの戦略アライアンス、人材育成ビジネス等に従事。
早稲田大学商学部非常勤講師および成蹊大学経済学部非常勤講師を兼任。
早稲田大学商学研究科後期博士課程単位取得満期退学。博士（商学）早稲田大学。経営情報学会理事。

[主要業績]

「M.E. Porter の戦略グループ論の批判的発展：3 つの『戦略グループ』カテゴリーの提案と『距離』概念の導入」根来龍之・宮元万菜美著『日本経営システム学会誌』第 22 巻第 1 号 pp.69-78、2005 年。「戦略グループ論の今日的再構築のための検討：戦略グループ論をめぐる論点整理」『日本経営学会誌』第 23 号、pp.14-24、2009 年。「戦略グループの経時的変化の研究：資源グループと行動グループの相互関係」『日本経営学会誌』第 36 号 pp.14-25、2015 年。NTT ドコモモバイル社会研究所編『データで読み解くスマホ・ケータイ利用トレンド 2016-2017』（共著）2016 年、中央経済社、など。

コグニティブ競争戦略
―経営者の認識と業界内部の構造変化のメカニズム―

2017 年 10 月 5 日　初版第 1 刷発行

著　者　　宮元万菜美
発行者　　千倉成示
発行所　　株式会社 千倉書房

　　　　〒 104-0031　東京都中央区京橋 2-4-12
　　　　TEL 03-3273-3931 ／ FAX 03-3273-7668
　　　　http://www.chikura.co.jp/

印刷・製本　三美印刷株式会社

© MIYAMOTO Manami 2017 Printed in Japan
ISBN 978-4-8051-1117-8　C3034

JCOPY 〈(社)出版者著作権管理機構　委託出版物〉

本書のコピー、スキャン、デジタル化など無断複写は著作権法上での例外を除き禁じられています。複写される場合は、そのつど事前に、(社)出版者著作権管理機構（電話 03-3513-6969、FAX 03-3513-6979、e-mail：info@jcopy.or.jp）の許諾を得てください。また、本書を代行業者などの第三者に依頼してスキャンやデジタル化することは、たとえ個人や家庭内での利用であっても一切認められておりません。